中学课堂
改革的管理机制

郝全智◎著

新华出版社

图书在版编目（CIP）数据

中学课堂改革的管理机制/郝全智著．—北京：
新华出版社，2023.4

ISBN 978-7-5166-6788-0

Ⅰ．①中… Ⅱ．①郝… Ⅲ．①课堂教学—教学改革—
研究—中学 Ⅳ．①G632.421

中国国家版本馆 CIP 数据核字（2023）第 072472 号

中学课堂改革的管理机制

作　　者：郝全智

责任编辑：徐文贤　　　　　　　　封面设计：人文在线

出版发行：新华出版社

地　　址：北京石景山区京原路 8 号　　　　邮　　编：100040

网　　址：http://www.xinhuapub.com

经　　销：新华书店、新华出版社天猫旗舰店、京东旗舰店及各大网店

购书热线：010-63077122　　　　中国新闻书店购书热线：010-63072012

照　　排：北京人文在线文化艺术有限公司

印　　刷：三河市龙大印装有限公司

成品尺寸：170mm×240mm　　1/16

印　　张：11.75　　　　　　　　字　　数：181 千字

版　　次：2023 年 6 月第一版　　　印　　次：2023 年 6 月第一次印刷

书　　号：ISBN 978-7-5166-6788-0

定　　价：58.00 元

目　录

第一章　绪　论

第一节　研究缘起和问题的提出

一、选题缘由

新中国教育发展经历了八轮基础教育课程改革，尤其是 21 世纪初开始的第八轮新课程改革，让我们对基础教育的诸多问题产生了新的认识。我们越来越清晰地意识到：知识经济时代的到来，数字技术日新月异，对人才培养的目标提出了新的要求，教育的追求也在发生着深刻的变化。国家庞大复杂的新课程体系建立起来了，地方课程和校本课程也在逐步完善，丰富的教育实践和逐渐深入的教育研究，让传统课堂存在的问题日益显露，我们追求的应然的新课堂的理想样态也逐渐清晰。

2017 年高中新课标的颁布实行，大概念引领下的大单元教学为课堂改革提供了新的课堂样态和结构框架，素养本位的课堂模式也成为研究者和实践者广泛的共识。[①] 方向和目标都是明确的，但是从实然课堂走向应然课堂的路径是一个容易被大家忽视的问题。从课程改革走向课堂改革是课改的最后一公里，是课改的必然归宿。

如何突破传统课堂向新课堂转化的困境？课堂改革成果转化的内在机制是什么？如何通过管理机制的建立更快更好地完成这项变革的过程？正是本研究关注的焦点。

---

① 刘徽．大概念教学［M］．北京：教育科学出版社，2022：33．

（一）"课堂改革"是当下教育改革最迫切的现实问题

2001 年颁布的《基础教育课程改革纲要（试行）》（本章以下简称《纲要》）明确提出了六项课程改革目标，即转变课程所体现的功能，追求课程结构的均衡性、综合性和选择性，加强课程内容与生活和时代的联系，改善学生的学习方式，建立与素质教育理念相一致的评价与考试制度，试行三级课程管理制度等。① 当精心研制的"新课程"由官方推动、自上而下轰轰烈烈地进入实践环节的时候，却发现了理论形态和实践领域的疏离：教师认为，这不过是换了一本教材而已；学生们被动地学习"新教材"，课堂生态并没有改变。《纲要》颁布已 20 多年，这种课堂教学无以承担新课改理念之重的状况并没有实质性改变。要完成"新课程"培养"适应新时代的要求的人"的使命，需要完成改革重点的转变：由课程改革转向课堂改革，通过扎扎实实的课堂教学改革的探索，实现新课程理念的落地。

因此，课堂改革是实现新课程所承载理念、完成课改任务的最后落脚点，是整个改革的最后一公里，是最艰难最关键的阶段。

（二）把新课程理念落实在常态课堂上是课堂改革的实质问题

常态课堂体现最真实的课堂生态，每一节常态课都能够实践新课改理念，是课改追求的理想状态。课改理念的迭代，课改蓝图的完善，公开课、示范课所树立的课堂样板的实践方向，都必须在千百万一线教师的常态课堂上找到落脚点，并不断茁壮其生命力。

1. 众声挞伐的课堂问题

知识本位的传统课堂是工业化时代的产物，教育也借鉴了大工业流水线的生产方式。班级授课制的兴起，是因应大量流水线人才的需求。知识被体系化为系列教材，教师的任务就是原原本本地把教材内容传授给学生。全班同学整整齐齐地坐在课堂里，唯一的任务就是听讲、记忆、接受，教师高高在上，知识不容置疑，学生照单全收。这个过程，少有质疑，鲜有互动。传统课堂的问题，可以概括为以下几点：

课堂教学目标的异化。知识和技能、过程和方法以及情感态度价值观三

---

① 中华人民共和国教育部. 基础教育改革纲要（试行）［EB/OL］. http：//old. moe. gov. cn/public-files/business/htmlfiles/moe/moe_ 309/200412/4672. html.

维目标，只是一个理论形态，更不用说学生核心素养目标了。实践中课堂目标被简化为单纯的"知识目标"，丧失了课堂应有的主体性、丰富性和发展性。作为检验知识接受程度和水准、用以反馈教学的考试，也被异化为课堂教学的目标本身。"应对考试，取得好成绩"成为课堂教学潜在的、最迫切的功利化追求。"分分分，学生命根"就是最形象的表达。而这单纯的知识目标，并不具备面向未来的"生活价值"，更不能形成人生的智慧。①

课堂要素关系的异化。在传统课堂内部，教师、教材和学生三要素之间的关系是：教师和教材之间，教师依据教材内容，传授教材知识；教师和学生之间，教师处于权威的位置，单向传输，学生被动接受；学生和教材之间，教材知识成为学生接受的对象，教师怎么讲，学生就怎么听，然后死记硬背。②

课堂要素关系的核心点在于师生之间的互动交往，在互动中完成知识的建构和核心素养的达成。没有积极的互动，缺乏真实深刻的交往，课堂就徒有教学的形式，或者只有单向的灌输，课堂成为一个破坏学生自主性、打击学生自尊心、压抑学生自信心、师生关系疏离和对立的冷酷所在。"教师中心主义"，就没有"平等中的首席"；管理主义至上，就很难激发学生内在的学习欲望和互助合作的热情。在互动交往的课堂上，只有师生平等，共同建构，让学生受到激励、鞭策、鼓舞、感化和召唤，体验到平等、尊重、信任、友善、理解、宽容、亲情和关爱，才能逐渐形成积极的、丰富的人生态度和情感体验。

课堂教学目标达成方式的僵化。表现为传授、灌输和死记硬背，以教代学。教师不能替代学生的学，就好比每个人都只能用自己的器官吸收营养物质一样，每个学生也只能用自己的器官吸收精神营养。学生既不是教师的四肢，可以由教师随意支配，也不是泥土或石膏，可以由教师任意塑造。在教学过程中，既要重视知识已有结论的解读，更要重视知识产生过程的研讨，营造体验形成知识结论生动过程的情境，在深刻生动的体验中培养学生独立

---

① ［美］戴维·珀金斯著，杨彦捷译. 为未来而教，为未来而学［M］. 杭州：浙江人民出版社，2015：240－245.
② 褚清源. 立场［M］. 济南：山东文艺出版社，2017：36.

思考的能力和敢于质疑的品格。

课堂教学效率的低下。先建立一套知识体系，将知识体系体现为一套教科书，把教科书按照时间编排到学校每一个学期的课程结构中，再由教师把这套知识体系传授给课堂里的学生，学生接受传输，记住知识和原理，考取一个合格的分数，为毕业后走入社会做准备。——这就是传统班级授课制的逻辑和思维模式。老师一讲到底，不管学生接受与否，也不管学生水平如何。老师讲得天花乱坠，学生听得昏昏欲睡。程式化的教学步骤、固定化的教学模式、单调陈旧的教学方法，导致教学效率低下，教学效果堪忧。这种教学实践，不容置疑的权威性和规范统一的计划性剥夺了学生独立思考和个性培养的可能性。众多具有生活价值的能力被排除在教学视野之外，无法成为课堂教学的基本任务，严重影响学生的全面发展。①

育人目标的迷失。让每个人的个性得到充分自由的发展，为每一个人的幸福奠基，是我们倡导的课堂教学的目标。僵化的衡量标准、整齐划一的教学内容、步调一致的教学进度，这样的课堂形态导致了学生个性的淹没和泯灭。"全面发展，个性突出"的国家教育方针变成了"平均发展，特长埋没"。这种单向传输的教学方式，压抑主动思考、排斥自我选择、剥夺大胆尝试、扼杀学生的个性和创造力的发挥。在传统模式熏染已久的教师眼中，规规矩矩的都是好孩子，天性充满想象和创造热情的孩子逐渐变得墨守成规，导致学生只有平庸沉闷，既没有全面发展，更无特长突出。

2. 对理想课堂样态的描绘

传统课堂的样态，就是以教师为中心、教科书为中心、课堂为中心，教师在讲台上按部就班地讲授，学生坐在讲台下，静静聆听，教师提问，学生回答。这种课堂情景至今仍是司空见惯的课堂常态。但在很多国家，这种课堂样态已经成为过去时，在教室里似乎已经找不到黑板和讲台，四五个学生围桌而坐，学习资料丰富多彩，教科书成为辅助资料，教师成为同学们学习的辅导者、设计者和引路人。这种趋势已经成为世界潮流，从 20 世纪 70 年代开始在世界范围内被广泛采用。② 国际 21 世纪教育委员会向联合国教科

---

① 褚清源. 立场 ［M］. 济南：山东文艺出版社，2017：78.
② 钟启泉. 课堂研究 ［M］. 上海：华东师范大学出版社，2016：21.

文组织提交的报告《教育——财富蕴藏其中》里也提到，现代课堂要求建立一种新型的师生关系，课堂教学过程从教师的"独奏"过渡到为学生学习的"伴奏"，不是单向灌输知识，而是引导、启发学生去自我发现和自我管理，促进他们而非硬性塑造他们。① 建立师生互动、生生互助的生命课堂和生态课堂，通过课堂的会话机制培养学生适应未来的综合素质和核心素养，早已成为世界教育的潮流。

郑金洲认为重构"理想课堂"要实现六个方面的关注：打通学生书本和生活之间的界限，关注他们的生活世界；还给学生时间和空间，让其主动探索、自主支配，关注他们的生命价值；构建平等、民主、合作的师生关系，关注他们的生存方式；设置富有挑战的问题或问题情景，关注他们的心理世界；增加师生、生生之间有效会话多维互动，关注学生独有的文化；重建多元互动的课堂教学组织形式，关注学生的生活状态。②

崔允漷曾说，落实"双基"是课程目标 1.0 版，三维目标是 2.0 版，核心素养则是 3.0 版。③ 从"双基"到三维目标，再到核心素养，这是从教书走向育人这一过程的不同阶段。核心素养主要有以下四大方面：能判断会选择，能理解会反思，能包容会合作，能自律会自主。核心素养的培养，一方面要有具体的课程来体现，另一方面要通过课堂得以实现。要实现这样的课堂目标，就要改变单向的课堂活动形式，变教师主体为"教师主导，学生主体"，通过师生互动、生生互动，鼓励小组合作、质疑、探究，建构个性化的知识体系，深刻理解知识形成的过程，体验合作和互动的感情力量，全面塑造自我的人格。

（三）理想课堂样态如何从应然走向实然是课堂改革的焦点问题

课堂改革从应然课堂走向实然课堂，存在着路径迷茫，也存在理论缺位。

现在已经到了数字化时代，传统课堂的教学目标已经不能适应现代社会的需求。课堂是师生成长的舞台，只有课堂观念发生了实质性变化，课堂生

① 联合国教科文组织. 教育——财富蕴藏其中［M］. 北京：教育科学出版社，1996：136 - 137.
② 郑金洲. 重构课堂［J］. 华东师范大学学报（教育科学版），2001（3）：53 - 64.
③ 袁振国，绪培，崔允漷. 核心素养如何转化为学生素质［N］. 光明日报，2015 - 12 - 08.

态的生机和活力才能真正出现。所有的教育改革，最终都要落实到课堂上，课堂改革是教育改革的"最后一公里"和最坚实的着力点。课堂一小步，教育一大步。课堂是学生培养核心素养的主阵地。不在课堂上实现学生最大限度的发展，不在课堂上实现素质教育的有效落地，所谓的课改就成了无源之水，无本之木。①

课堂改革是学校变革的关键，课堂改革存在众声喧哗的诸多问题，存在变革的路径迷失和实践障碍。校长、教师和家长，特别是学生，在课程改革的大背景下，对当下课堂越来越不满，大家都在寻找变革的道路。置身其中，经历了无数次"课堂改革"的尝试，这种犹疑不定的尝试，在"乱花渐欲迷人眼"的不断选择中，在变来变去带来的希望和失望的交替中给师生和家长更多的困惑。

目标就在那里，但是走向那个目标却是远隔千山万水，路途曲折，困难重重。

（四）个人的教育工作经历

作为一名一直在中学课堂耕耘的教育管理者，经历了 20 世纪 90 年代以来教育领域的历次改革。置身改革的进程，既有改革之初对改革蓝图的满怀憧憬，也有对改革艰难过程的冷静思考，更有改革进入攻坚阶段的困惑和苦闷。作为一名学校管理者，也曾经和同事们一起，发起过全校范围的课堂改革实验，改革行动伴随着广泛的考察、深入的思考和激烈的辩驳，实践中的深刻体验让笔者对课改问题有了更深入的认识，积累了大量的感性认识。确定教育博士研究方向的时候，结合自身的经历以及对课堂改革的思考，笔者认为弄清楚改革的正确路径和内在机制，是一个迫切的实践问题，也是一次有价值的理论探索。为此，一方面阅读了大量的相关文献，一方面有针对性地实地考察了很多课改校。认识逐渐深入，感慨也越来越多：为失败悲伤失落，为成功欢欣鼓舞，为半途而废扼腕叹息。

二、研究问题

机制理论认为，"机制"的基本含义有三个：一是结构，即事物各组成

---

① 褚清源. 立场［M］. 济南：山东文艺出版社，2017：185.

要素的联系。二是功能，指事物在有规律性的运动中发挥的作用、效应。三是在结构中功能发挥的作用过程和作用原理。机制就是将这三点综合起来的"带规律性的模式"。任何改革，都需要首先弄清楚改革机制的结构、功能和各部分要素有规律的运动这一前提，然后再去研究发挥功能的作用过程和作用原理，寻找到改革的规律性，才能确保改革的方向正确、过程顺利和持续发展。课堂改革也一定有"带规律性的模式"，需要从课堂改革的机制去研究。

课堂改革的内在机制是什么？

课堂改革内在机制的构成要素有哪些？

课堂改革机制和机制构成要素之间的逻辑关系是什么？

我们能否建立一个指导课堂改革成功实施和持续改进的管理机制理论，从而为课改现场提供路径指引？

这正是本书所要研究的问题。

有人说课堂改革首先要明确目标：进行课堂改革，首先要明确课堂改革的目标在哪里；二是实现课堂改革目标的路径在哪里；三是要明确怎么走到这个方向和目标上去。你如何确信改革是正确的，而又能保证持续发展？还有评价机制和持续干预的问题。[①]

有人说课堂改革要选准模板：借智与借力。已经先行改革的学校探索出了先进的经验，没有必要再自己"摸着石头过河"重新探索一遍，自我探索经验的过程是漫长的，而且成本和风险巨大。成功的样本经验完全可以拿过来为我所用，别人已经把通过理想课堂的桥架好了，我们只要找到这座桥，直接"上桥过河"即可，这就是借智与借力，就是"站在巨人的肩膀上摘星星"。只有追随前沿才能超越前沿。[②]

有人说课堂改革要系统推进：变革是一个过程（process），而不是一次事件（event）。为变革制定的计划一定要具有长期性和全局性。变革计划的实施至少需要三到五年的时间，并在整个过程中开展正规培训和现场指导，还要对他们所需要的资源、费用进行计划和预算，为满足多年实施变革的需

---

① 褚清源. 立场［M］. 济南：山东文艺出版社，2017：171.
② 褚清源. 立场［M］. 济南：山东文艺出版社，2017：176.

要而制定支持性政策，并且每年都搜集相关资料，反馈给计划者。校长、领导团队、学校环境等，所有的改革要素，都要作为改革的有机组成部分，共同推进改革进程。①

这些观点固然都有其真理性的一面，是思考课堂改革问题时无法回避的因素，但是我们也看到了课堂改革的诸多问题，比如，把改革当作一张蓝图和校长一个人的改革，缺乏激励机制和动力机制；把改革当作一个事件，而不是一个过程，虎头蛇尾，缺乏执行机制和保障机制；把改革当作生硬的借鉴，而不是充分考虑校情的生态过程，拿来的模式水土不服，缺乏改革的干预机制和制约机制。

超越上述对课堂改革推进的片面性认识，正是这项研究的逻辑起点。

三、研究意义

（一）理论意义

通过对已有文献的广泛查阅，我们发现，对于课堂教学改革的理论研究，学术界已经取得了大量的、数目可观的研究成果。但是这些研究成果大多是课堂改革的教学论层面，只是局限于发生在课堂上的故事。课堂改革理论的建立，是由教学目的、任务、教学过程的本质与规律、教学原则、教学内容、教学方法、教学组织形式、教学手段、教学评价等方面组成，着眼于单纯的课堂，缺乏基于教育体系的宏观角度关照下对课堂改革的内在规律系统的研究，缺乏对课堂改革中课堂教学的结构、功能和各要素运动变化规律复杂性的研究。

课堂教学改革活动经常遇到的现实障碍，一个是课堂改革外部相关改革要素的不协同，一个是课堂改革内部理论与实践的不协调。而在课堂改革的机制这一范畴中，这两个问题都可以找到很好的解决路径。一方面，课堂改革的内部要素和外部要素的关系，必然属于课堂改革机制的关照范围。另一方面，课堂改革的不同教育观念、教学模式和课堂行为方式，都可以在课堂改革的机制框架内得以重新阐释，进而寻找到理论和实践的结合路径。所

---

① ［美］吉纳·E·霍尔，雪莱·M·霍德，吴晓玲译. 实施变革：模式、原则与困境［M］. 浙江教育出版社，2004：7.

以，课堂改革的机制研究，是探索课堂变革规律的本质途径。

随着"机制"这一范畴在不同学科、不同研究领域的广泛使用，研究者们取得了大量的研究成果，但是将"机制"的研究成果引入教育领域还刚刚开始，引入到课堂改革领域，尚未发现系统的论述。在本书中，作者尝试把"机制"作为研究的切入点，从机制构建的视域来对薄弱中学课堂教学改革进行研究，在研究中以系统论的方法，从整体的角度，对课堂改革的内部协同机制、课堂改革的外部支撑机制、课堂改革的过程转化机制和课堂改革机制的要素构成等对当前我国中学课堂改革的路径进行比较深入的研究，为我们进行基础教育学校课堂改革的研究引入一个新的研究视角，建立课堂改革的理论框架，丰富和发展学校变革理论。

（二）实践意义

随着新课程改革的不断深入，课堂改革的问题日渐引起研究者和实践者的关注，这标志着改革进入了深水区，进入了攻坚阶段。而课堂改革的艰难在于它的系统性和复杂性。

在《实践智慧》一书中，美国教育心理学家李·舒尔曼这样形容课堂："课堂教学是迄今人类文明的最复杂、最具挑战性、最精妙和令人胆怯的活动。"① 课堂教学本身尚且如此的复杂、精妙和富有挑战性，那么对沿袭已久的原有的教学关系、教学模式、教学流程进行改革，其复杂性和艰难程度就可想而知了。

因此，课堂改革的现场触目可及的是改革先行者失败的背影：盲目探索的勇敢者有之，缺乏理论指导，对改革的艰难程度准备不足，宏大理想经不起现实的复杂考验，改革最终无疾而终；大胆向改革的成功学校借鉴者有之，"站在巨人肩膀上摘星星"，却没有充分考虑环境因素的千差万别，没有系统思考改革问题的具体情境，结果是改来改去、越改越乱。这些都给课堂改革的后来者敲响了警钟。

失败的实践启迪人们，课堂改革的成功经验当然可以借鉴和模仿，但在决定改革之前，一定要对课堂改革的复杂性和系统性有充分的思想准备，对课堂改革的内部机制和外部机制、课堂改革的过程机制和课堂改革的要素机

---

① 钟启泉. 课堂研究［M］. 上海：华东师范大学出版社，2016：148.

制，进行深入调研和实际操练。本书立足于课堂改革的现场，寻找课堂改革的成功路径。

第二节　文献综述

截止到 2018 年 3 月 14 日，在中国知网全部文献中按"主题"搜索"课堂改革"，共有文献 80531 篇。中国知网的"学术关注度"（指同一个课题或者题目的期刊更新数）的分析可以看出，自 20 世纪 70 年代到 2015 年以前，对"课堂改革"的关注整体呈现逐年上升趋势。可分为三个阶段：70 年代到 90 年代初，处于研究的发轫期，关注度低，文献数量少；90 年代初到 21 世纪初，文献数和关注度开始平稳上升；2004 年至 2015 年，势头迅猛，2015 年主题为"课堂改革"的中文发文量为 105 篇，环比增加 38%，外文发文量为 15 篇，环比增加 114%。

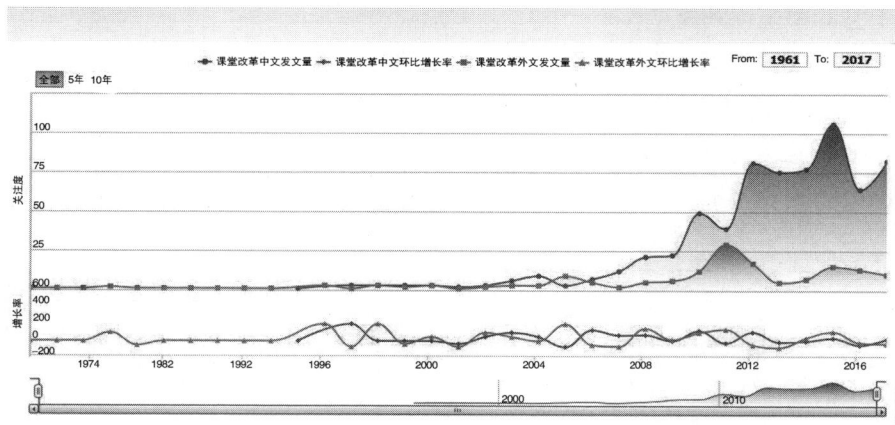

图 1 – 1　"课堂改革"的学术关注度走势图

这些文献发表在"核心期刊"上的共 105 篇，知网数据分析"关键词共现"的词频如图 1 – 2 所示。这些共现的关键词，表达了研究主题为"课堂改革"的文献的研究方向。"课堂教学改革""教学改革"可以视为同义词，另外，值得关注的有"高效课堂""翻转课堂""行动研究""新课堂"，专门研究"杜郎口"的"课堂改革"也有两篇，表现了研究者对本土教育改革实践的关注。

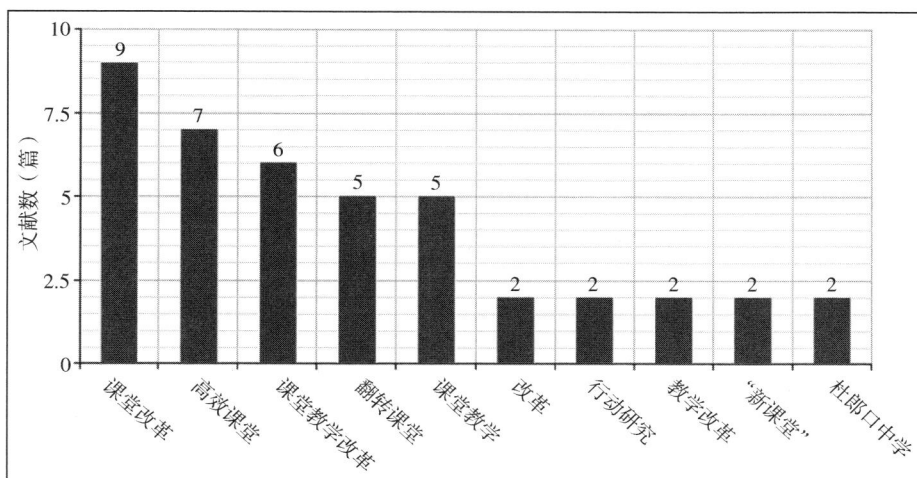

图 1 - 2　"课堂改革"知网关键词分布图

2023 年 2 月 3 日 16：14 分搜索中国知网搜索设置主题"课堂改革"，附加"中学"，共搜索到 725 篇，如下图：

● 数据来源：文献总数：725篇；检索条件：（（主题%='课堂改革'or题名%='课堂改革'）AND（关键词%'中学'））；检索范围：中文文献。

总体趋势分析

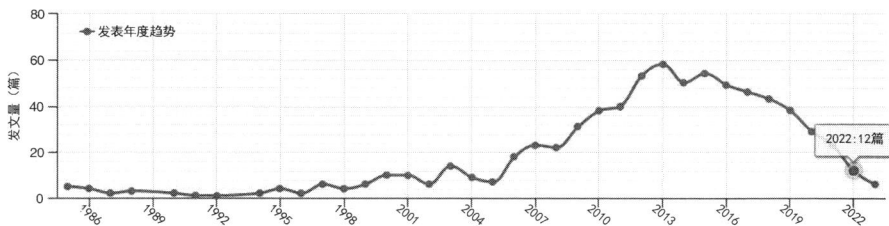

2013 年达到了高峰，为 58 篇，然后逐年下降，到 2022 年为 22 篇。"课堂改革"研究的落寞，并不等于一切研究问题都已经解决，只不过随着国家教育政策的新变化，人们的关注点有所转移而已，而深层次的问题依然存在。

2023 年 2 月 3 日 16：30 分搜索中国知网搜索设置主题"机制"，附加"课堂"，共搜索到 6304 篇，如下图：

ℹ 数据来源： 文献总数：6304篇；检索条件：（（主题%＝'机制'or题名%＝'机制'）AND（关键词%'课堂'））；检索范围：中文文献。

总体趋势分析

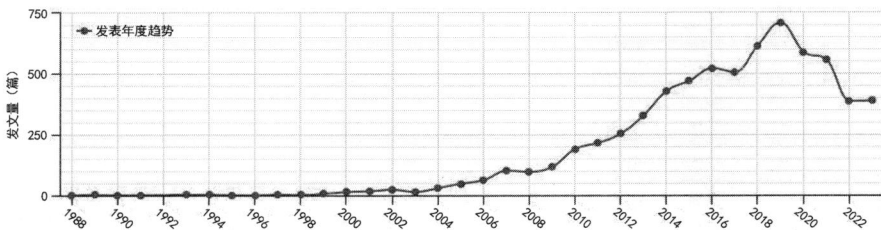

2018 年达到了高峰，为 708 篇，2022 年开始，进入一个相对的高位，为 385 篇。对比上一组数据，关于课堂的研究热点，正在逐步由"课堂改革"转为"课堂改革的管理机制"的研究。这也符合我们的研究预测，课堂模式或者说课堂的应然状态，经过几轮的课程改革和课堂改革的探索、实践、碰撞和争论，基本上达成了一种共识。而如何完成传统课堂向新课堂的转化，成为大家的必然关注，成为研究者的研究方向。

一、"课堂改革"研究的总体图景

以"课堂改革"为主题进行"中国知网"搜索，搜索到的最早文献发表于 1959 年，是关于"课堂讨论"①的，之后一直到 1966 年，每年也都有零星研究论文发表。"文革"期间，出现了研究的空白期。之后，从 1976 年开始，研究文献迅速增加，基本上是连年翻番。李金云的《课堂教学改革研究 30 年：回顾与反思》研究了 1979 年—2008 年《教育研究》上发表的研究课堂改革论文，辅以其他期刊相关文献，通过梳理分析，从研究的取向、对象和方式三个层面的特征概括出了 30 年来的课堂教学改革研究的三个阶段。② 借鉴他的分期办法，做如下梳理：

（一）课堂改革研究的历时性梳理

1. 20 世纪 70 年代末—80 年代初：知识课堂教学研究

这个阶段政府层面确立了"加强基础、发展智力、培养能力"的课堂

---

① 王守明．介绍一种新的课堂教学的形式——课堂讨论 [J]．数学教学，1959（5）：23 – 25.
② 李金云．课堂教学改革研究 30 年：回顾与反思 [J]．当代教育与文化，2009（4）：46 – 60.

教学改革目标，这个目标也就成为本阶段的研究取向。

在刚性的课程体系下，着力于知识传授的课堂教学成为主流课堂样态，对如何辩证认识知识与智力之间的关系、如何改善教学内容发展学生智力、如何在课堂教学实施中进行智力开发等课题进行了研究。

引进移植、延续实验和自主设计是本阶段三个主要的研究方式。引进移植了发展性教学思想（赞可夫 Zankov）、最近发展区理论（维果茨基 Vygotsky）、范例教学理论（瓦根舍因 Martin Wagenschein）、教学过程最优化理论（巴班斯基 Babanski）等教学理论，特别是认知学派的认知结构理论（布鲁纳 Bruner）、有意义学习理论（奥苏伯尔 Ausubel）、掌握学习理论（布鲁姆 Bloom）、发生认识论（皮亚杰 Piaget）、信息加工理论（加涅 Gagne）等大量涌入，成为推动教学方法改革的巨大理论力量。[①] 引进介绍的教学方法主要有："发现学习法""问题讨论法""掌握学习法""六课型单元教学法""课堂教学六步教学法"等，在新的教育理念指导下的以培养自学能力和智力发展的本土教学模式不断涌现。

2. 20 世纪 80 年代中期至 90 年代中期：课堂教学改革实验研究

倡导学生的学习主体性地位、强调学生的全面发展成为本阶段的主流研究取向。

国家宏观政策对教育改革的重视决定了本阶段课堂改革的整体语境：《中共中央关于教育体制改革的决定》（1985）、《中华人民共和国义务教育法》（1986）、《九年制义务教育全日制小学、初级中学教学计划》相继颁布。"新课程方案"（1992）广泛施行，国家层面关于基础教育的改革与发展有了更具体和详尽的整体规划；为了教育的进一步发展和国民素质的提高，国务院颁布了《中国教育改革和发展纲要》（1993），更加明确地指出："中小学要由应试教育，转向全面提高国民素质的轨道，面向全体学生，全面提高学生的思想道德、文化科技、劳动技能和身体心理素质，促进学生生动活泼地发展。""素质教育"开始成为中小学教育改革的目标。

教育实践者开始用整体和综合的观念进行课堂改革，他们认识到课堂改革不仅仅发生在课堂上，课堂改革是一个复杂多变的系统性改革；研究者也

---

① 施良方. 学习论 [M]. 北京：人民教育出版社，2001：5 - 8.

相应地开始通过对学校整体系统内部的各相关要素和内部结构进行研究。此阶段的研究对象包括教学改革和教育改革的关系①②③、教学目标的整体性④⑤⑥、教学过程的整体优化⑦⑧等。

研究者接受系统论的思想影响，在对教育改革的观照中加入了系统性和整体性的思考，研究方式从单纯关注课堂以教学方法为主的要素分析，进一步按照系统论的思维方式，在整体性视角下对课堂教学的关系和结构进行研究，方法论上有了新的发展。

在系统思维指引下，各中小学开展了丰富多彩的课堂改革实践。华东师范大学与其附属小学开展了用整体思维指导课堂教学结构调整的改革；大连实验中学开展了"中学教育整体改革实验"系列中的情知教学改革试验⑨⑩；杭州"整体、合作、优化"整体性教改实验，实验体系的核心是整体性认识教学对象和研究教学过程系统内外部联系⑪；主体性教育实验如北师大教育系与河南安阳人民大道小学等学校开展的"小学生主体性发展实验"等。

3. 20 世纪 90 年代末至今：关注生命价值的课堂教学改革研究

肇始于 21 世纪初的第八轮基础教育课程改革，高扬尊重学生生命价值和关注学生生活世界的新理念，为新的课堂改革提供了新动力和新挑战。课程的变革最终需要课堂的变革去实现，现实课堂变革中存在的教师素养问题、教学习性问题、单纯知识课堂问题等不能适应新课改的种种阻滞因素成为研究的热点。所以，在课程改革的攻坚阶段，实践者和研究者又重新聚焦课堂教学改革。

① 江山野．教学改革是一件大事 [J]．教育研究，1986（2）：12-15.
② 蒋仲仁．教育改革中的教学改革 [J]．教育研究，1985（3）：11-13.
③ 蒋仲仁．教育改革中的教学改革 [J]．教育研究，1985（3）：11-13.
④ 刘佛年．有关发展学生智力的一些问题 [J]．教育研究，1987（12）：21-24.
⑤ 温寒江．试论教学与整体发展 [J]．教育研究，1987（12）．：17-19.
⑥ 蒋仲仁．教育改革中的教学改革 [J]．教育研究，1985（3）．11-13.
⑦ 吴也显．教学要在儿童整体性上下功夫 [J]．教育研究，1990（3）．25-27.
⑧ 张志勇，李如密．关于乐学教学策略的研究 [J]．教育研究，1990（10）．18-22.
⑨ 吴恒山．中学教育整体改革实验的探索 [J]．教育研究，1986（3）：22-25.
⑩ 杭州市拱墅区实验小学．"整体、合作、优化"教改实验报告 [J]．教育研究，1986（3）：31-33.
⑪ 裴娣娜．小学生主体性发展实验与指标体系的建立测评研究 [J]．教育研究，1994（12）：9-12.

如何面向未来而教，培养学生的核心素养，促进学生全面发展，赋予课堂应有的生机与活力，成为本阶段课堂教学改革研究的主题。研究者们开始关注学生在课堂生活中的精神状态以及生命意义的实现。研究的视域，逐渐从知识到能力到情感，从智力因素到非智力因素，从"认知领域"扩展到"生活和生命全域"，以全面的视角关注学生生命成长的过程，以立体的视角促进个体生命的多方面发展，注重学生完满的精神世界的建构。研究者提出了"让课堂焕发出生命活力"①"教学意味着生活""重过程、重体验、重探究""对话教学论"等命题，研究触及教育社会学、教育心理学和教育生态学等问题。关注学生、关注学生的课堂生活、关注学生的完整的生活意义和生命价值，成为20世纪90年代末至今课堂教学改革的研究取向。

新的课堂观念的建立需要对传统的课堂理念加以厘清和批评。研究者们在以下方面开展了研究：课堂教学上的知识本位②、课程内容与生活世界的割裂③④、教学过程的静态与单一⑤⑥、师生关系的单一与机械、课堂改革中的形式主义倾向⑦，等等。

对传统课堂理念的批评，是重建的必要理论准备，推倒容易，重建新的课堂理念必须经过艰难的探索。为此，学者们进行了大量的研究。

关于"课堂实质"，有学者从课堂的师生活动角度提出：课堂是师生双方交往、互动的舞台，是引导学生发展的主要场所，是探究知识的场所，是教师教育智慧充分展示的所在⑧。关于课堂教学价值观，从对话交往的视角⑨、从走向生活的视角⑩、从展现生命价值的视角⑪⑫都有所探讨。

新的课堂价值观建立以后，由应然向实然、由理念向现实的转化，需要

---

① 叶澜 . 让课堂焕发出生命活力——论中小学教学改革的深化 [J]. 教育研究，1997（5）：3–6.
② 余文森 . 试析传统课堂教学的特征与弊端 [J]. 教育研究，2001（5）：50–52.
③ 王鉴 . 课堂重构：从"知识课堂"到"生命课堂"[J]. 教育理论与实践，2003（1）：31–34.
④ 陈佑清，张琼 . 提升课堂教学的素质教育功能 [J]. 教育研究，2007（1）：20–25.
⑤ 郑金洲 . 重构课堂 [J]. 华东师范大学学报（教育科学版）2001（9）：53–64.
⑥ 余文森 . 树立与新课程相适应的教学观念 [J]. 教育研究，2002（4）：58–62.
⑦ 余文森 . 国家级课程改革实验区教学改革调研报告 [J]. 教育研究，2003（11）：39–44.
⑧ 郑金洲 . 重构课堂 [J]. 华东师范大学学报（教育科学版）2001（9）：53–64.
⑨ 郑金洲 . 重构课堂 [J]. 华东师范大学学报（教育科学版）2001（9）：53–64.
⑩ 王攀峰 . 论走向生活世界的教学目的观 [J]. 教育研究，2007（1）：34–31.
⑪ 叶澜 . 让课堂焕发出生命活力 [J]. 教育研究，1997（9）：3–6.
⑫ 王鉴 . 论课堂的历史形态及其变革 [J]. 西北师大学报（社会科学版），2006（3）：85–91.

15

重建新课堂的科学过程观和实践策略，研究者主要在以下方面进行了建构：弹性的教学设计①、动态的教学过程②、建构的学习方式③和专业的引领支持④。

这一时期出现了众多有影响的课堂改革的实验：

有的是在理论指导之下学院派的改革实验：华师大叶澜教授主持的"新基础教育"实验、华东师范大学熊川武教授的"自然分材"课堂教学、北师大裴娣娜教授主持的"主体教育"实验、华中师大郭元祥教授主持的"深度教学"实验、华南师大郭思乐教授的"生本教育"实验等。

有的是在生存和发展的现实语境下原创性的草根课改行动：以杜郎口中学为代表的"三三六"自主学习的高效课堂模式、以河南西峡第一高级中学为代表的"疑探教学模式"、山西整体区域推进的"问题导引"课堂改革等。这些实践行动验证了课改理论、发展了课改理论、指导了课改实践、完善了课改行动，是对理论和实践的良性推动。

这一时期关于课堂改革的著作主要有：

王鉴著《课堂研究概论》（2007）；

李如密主编《中学课堂教学艺术》（2009）；

施良方、崔允漷著《教学理论：课堂教学的原理、策略与研究》（2009）；

辛继湘主编《课堂教学管理策略》（2010）；

李森、王牧华、张家军著《课堂生态论：和谐与创造》（2011）；

严先元著《追求优质高效的课堂教学》（2012）；

杨向东、崔允漷编著《课堂评价：促进学生的学习和发展》（2012）；

钟启泉著《读懂课堂》（2015）和《课堂研究》（2016）。

(二) 课堂改革的本土行动

基础教育领域的问题往往会成为广泛关注的社会问题，课堂教学问题也是如此。

---

① 李祎，涂荣豹. 生成性教学的基本特征与设计 [J]. 教育研究，2007（1）：41-45.
② 叶澜. 重建课堂教学过程观——"新基础教育"课堂教学改革的理论与实践探究之二 [J]. 教育研究，2002（10）：24-32.
③ 刘儒德. 基于问题学习对教学改革的启示 [J]. 教育研究，2002（2）：73-78.
④ 郑金洲. 重构课堂 [J]. 华东师范大学学报（教育科学版）2001（9）：53-64.

　　课堂结构的传统和教学效率的低下成为人们批评的焦点。无论民间话语对"满堂灌"的批评，还是对学术词汇"传授—接受式"课堂模式说法的归类，说明了一种课堂样态的顽固存在，并且长期主宰着中小学的课堂。陈弊和批评正是改革的动力，在新课改的理念指导下，在人们的批评声中，中小学的课堂也在悄悄地发生着变革。

　　人们公认的应试教育的重灾区——县域中学，也在用课堂改革的切实行动艰难摸索着中国本土化的现代课堂教学改革的路径。洋思中学、杜郎口中学、西峡第一高级中学都是在僻远的县城或者乡村进行了原创性的课堂改革。

　　洋思中学强调导学案作用的"先学后教，当堂训练"；

　　杜郎口中学倡导小组合作学习的"三三六模式"；

　　河南西峡第一高级中学持续推进开发问题思维的"疑探教学模式"。

　　这些学校都扎扎实实走出了本土化的课堂改革新路，朴素的改革，也暗合了"认知主义—行为主义—建构主义"的理论指导转换和实践内涵不断丰富的改革过程。

　　杨文普探讨了"疑探教学模式"和洋思模式、杜郎口模式之间的继承和超越关系。

　　杨文普认为，西峡一高探索的价值在于突破了高中是课改雷区的认识。同时也承认，疑探教学是"站在巨人的肩膀上摘星星"。洋思中学的教学模式是"先学后教"，改变了传统课堂的"先教后学"的结构。杜郎口中学则继续往前迈进了一步，在课堂上辅助以导学案，充分利用学生的自学，并且增加了当堂展示和评价的环节，让学生的自我学习、互助学习和小组合作学习更加充分，个性得到更加充分的张扬，主体地位更加突出，学习小组的建立使这种自主学习更加常态化和稳定化。西峡第一高级中学则在洋思中学和杜郎口中学改革的基础上，将课堂上的质疑环节加以凸显，突出质疑的价值，设置了"设疑自探，解疑合探，质疑再探"课堂环节，始终强调质疑的价值，而且放手让学生去编题自练，在小组合作学习中全面成长。[①]

　　这些可贵的探索都取得了丰硕的课改成果，也得到了理论研究者的关注。

---

① 　褚清源. 杨文普的教育梦. 中国教师报/2013 年/4 月/10 日/第 010 版.

（三）课堂改革研究的世界潮流

1. 课堂基本结构的定型和多样化探索

学校教学工作特别是课堂教学的规范性步骤、基本原则和组织形式在 16 世纪的夸美纽斯的《大教学论》中就已经奠定。

经过几个世纪的实践，19 世纪的德国教育家赫尔巴特进一步明确了课堂学习的"完整的结构"，也就是著名的教学"明了—联想—系统—方法"四个阶段。20 世纪初，美国教育家杜威提出了"创设情境—明确问题—提出设想—确定方案—实验验证"五步教学法。

这些都对各个国家的课堂结构和模式产生了深刻的影响。到了 20 世纪 50 年代，随着世界范围的课程改革运动的开展和深化，课堂改革实践也相应得以发展，多样化综合性的教学模式不断涌现。典型的教学模式有美国布鲁姆（Bloom）的掌握学习模式、苏联凯洛夫（N. A. Kaiipob）的五环节教学模式、苏联赞科夫（Zankov）的教学与发展实验模式、德国瓦·根舍因（Wa Genschern）的范例教学模式、奥苏贝尔（Ausubel）的"认知—同化"模式、美国斯金纳（Skinne）的程序教学模式、美国罗杰斯（Rodgers）的"非指导性"教学模式等。

2. 课堂改革的多重变奏

布鲁姆（Bloom）一直十分重视将教学理论"应用于课堂教学"① 的问题。1959 年他提出，课程的意义首先要体现在教师身上，然后才能体现在学生身上，教师是完成课程所承载意义的传导者，布鲁姆对课堂教学中教师作用的表达，将教育工作者的眼光聚焦到课堂教学本身上来。②

美国学者菲利浦·杰克逊（Jackson P. W，1968）的《课堂生活》是一部研究课堂改革的影响深远的著作。他在这部著作中，对课堂生活中教学权力的负面影响、群体行为的综合作用和表扬的正面功能进行了阐述，并对显性课程和隐性课程进行了对比分析。杰克逊的研究提高了西方学者对课堂改革的兴趣和关注度。随后，美国课堂研究者多勒（Doyle，1986）为杰克逊的理论建立了一个结构框架，提出了课堂教学框架的多元性、同时性、即时

---

① 蒋晓. 学习理论与教学实践——美国近五十年的研究与发展 [J]. 外国教育研究，1988（1）：2.
② ［美］布鲁纳著，邵瑞珍译，王承绪校. 教育过程 [M]. 北京：文化教育出版社，1982：1–2.

性、不可预测性和历时性等特点。

美国学者古德和布罗菲（Thomas L. Good，Jere E Brophy）的《透视课堂》在大量课堂观察的基础上，从课前的课堂管理、呈现知识信息、传导原理和概念，课后的布置作业、整体设计营造学习氛围，使学生积极主动学习并顺利发展自己的能力这几个方面进行了阐述。作者同时强调，这类知识将会补充和完善教师在其他课程里获得的科目知识。《透视课堂》提供了不少课堂观察的量表，用于对课堂的记录，具有很强的操作性。①

美国新世纪基础教育课程改革逐步转向如何进行优质高效的课程实施。优质高效的课程实施离不开科学的课程标准。制定标准并使用标准，让标准成为评价的重要依据，体现标准的作用是课程改革中评价改革的一个主要努力方向。为了达到这个目标，政府通过政策和经济支持来实现政府的意志，实行"转向教学计划（the transition to teaching program）"。②

在欧洲，课堂教学改革体现了不同方向。英国教育部 2010 年颁发了《教学重要性》白皮书，特别强调扩大学校办学自主权，倡导提高教师的地位和专业发展，通过提高教师的"教学和领导力（Teaching and Leadership）""赋权教师提高课堂纪律（to improve discipline）"③ 等措施，以维护课堂上教师的权威性，进一步树立教师在学校发展中的中心地位。葡萄牙的基础教育课程改革更加强调实践倾向和合作学习，政府强调教学改革要聚焦学生学习、聚焦课堂改革实践研究和聚焦教师专业文化发展的引领，才能"成功地支撑（successful in supporting）基础教育课程改革和课堂教学改革的发展的方向"。④

在亚洲，韩国研究者认为国家课程实施缺乏"整体综合的理论框架

---

① ［美］Thomas L. Good，Jere E Brophy 著，陶志琼译. 透视课堂 ［M］. 北京：中国轻工业出版社，2015.

② U. S. Department of Education. Transition to Teaching ［DB/OL］. http：//www2. ed. gov/programs/transitionteach/index. html.

③ The Importance of Teaching：Schools White Paper ［DB/OL］. http：//webarchive. nationalarchives. gov. uk/20121007123140/http：/education. gov. uk/schools/teachingandlearning/schoolswhitepaper/b0068570/the-importance-of-teaching/，2014 - 12 - 02.

④ Joao Pedro da Ponte. A Practice-oriented Professional Development Programme to Support the Introduction of a New Mathematics Curriculum in Portugal ［J］. Journal of Mathematics Teacher Education，2012，15 （4）：317.

（lack of theoretical frameworks）"，课堂改革的实践需要"整合的教与学的方法论"深入研究和科学指导，课堂改革理论的研究必须用整体综合的理论关照，扎根课堂教学实践。① 日本于 1998 年推行的新一轮基础教育课程改革，"强调以能力培养为核心的课程发展观"，而"能力"的落实则是基于学科教学的"课程设计和实施的各个环节中"。② 为"激活教师和学生在教学实践中的想象力和创造力"并"为学生自主而富有个性地成长和发展，以及培养其综合能力打下基础"，③ 还专门设置了"综合学习时间"这门课程，具体的教学内容和形式完全由学校来定，这是日本基础教育课程改革中课堂教学自主权的开放，也体现了对教学灵活性的关注。

日本著名教育家佐藤学的《静悄悄的革命》（李季湄译，长春出版社，2003）在世界范围内产生了影响，在中国也备受推崇。该书利用大量的课堂教学改革的事例，通过自己的亲身实践，用研究者特有的观察力和探索精神，对课堂改革和学校变革进行了多方位的观察和探讨。在学校内部积极推进构建教师之间互教互学的"合作性同事"（collegiality）的关系；在学校和社区的联系方面推进由监护人参与授课的"参与学习"实践；提出了未来学校的形象——"学习的共同体"，从内部推进学校综合改革等，这些都是值得我们去研究和反思的问题。④

显然，世界各国基础教育都经历了一个共同的过程，在大力推行课程改革过程中发现了课程落实的问题，转而进入了课堂改革的探索和深化，新课程的理念对传统的课堂教学模式产生极大的冲击，也带来内生的变革启迪。

唯有新的课堂模式才能更好落实和表达新课程的理念！

各国课堂改革的内容尽管不同，方式和路径也略有差异，但是目标基本一致，就是将课程改革的实施落实到课堂层面，课堂教学和师生发展最终成为课程改革的根本关注点，这是课堂改革的各国多重变奏的共同主旋律。

---

① Minjeong Park. Implementing Curriculum Integration：The Experiences of Korean Elementary Teachers [J]. Asia Pacific Education Review, 2008, 9 (3)：308.
② 郭文霞. 当前日本基础教育课程改革述评 [J]. 比较教育研究, 2001 (8)：51.
③ 李协京. 对日本基础教育课程改革的思考 [J]. 教育评论, 2003 (1)：105.
④ 佐藤学. 静悄悄的革命 [M]. 长春：长春出版社, 2003.

二、"课堂改革的管理机制" 的相关研究

本课题研究的问题是"中学课堂改革的管理机制",在进行文献梳理和案例校访谈过程中,逐渐形成了课堂改革的外部支撑机制、课堂改革的内部协同机制和课堂改革的过程转化机制的理论框架,所以本部分的文献综述从以上三个方面进行了针对性梳理。

(一) 课堂改革的外部支撑机制的研究

有学者从社会学角度对课堂教学进行研究。① 文章研究的主题虽然不是课堂改革,但是对课堂教学的社会属性进行了论证,认为"课堂教学社会学"的基点是将课堂教学视为一种特殊的社会活动,既然是一种特殊的社会活动,作为"受体"的"课堂教学的社会规限性"表明课堂教学作为社会的产物,必然要受到社会各种因素的影响,因此"课堂教学社会学"首先要考察课堂教学的社会制约因素,以从表层因素渐次向中层因素和内层因素逼近的考察方式,逐次考察课堂教学的物质基础、制度基础及文化基础。作为社会活动的课堂教学,与外部社会存在着交换关系,这种关系首先是外部社会对课堂教学的输入,既有物质层面的输入,也有制度层面的输入,更有文化层面的输入,这构成了作用于课堂教学的"外部影响因素圈"。

在形成合力指向课改改革的情境下,这种"外部影响因素圈"事实上构成了课堂教学和改革的"外部支撑机制"。由此我们也可以得出结论,考察作为特殊社会活动的课堂改革,也必须从考察课堂改革的物质基础、制度基础和文化基础入手。

作为课堂改革外部支撑机制的"学习共同体"的创建,一直受到教育大家的高度重视。在钟启泉与佐藤学的对话当中曾经提到过创建"学习共同体"的关键,佐藤学给出的解决路径是,建构教师切磋教学、互相学习的"同事性",也就是在学校中形成教师共同成长的"同事性"。佐藤学认为,这种"同事性"在学校当中非常淡薄,具体表现就是校内研修形式化,缺乏魅力,或者说教师之间缺乏凝聚力,难以为课堂改革提供支撑。钟启泉进一步追问,在推进学校改革的种种制度性条件中,最重要的条件是什么?

---

① 吴康宁,程晓樵,吴永军,等. 课堂教学的社会学研究 [J]. 教育研究,1997 (2): 64-72.

佐藤学回答是，保障教师的创造性的自律性与教师的专业性，包括教师集体的持续合作研究、同大学研究人员的合作。作为学习共同体的学校，是教师专家共同学习的场所。① 这样的学校才能为课堂改革创造良好的支撑机制。

有论者认为，我国当前的课堂形态有两种：知识课堂与生命课堂，而从知识课堂向生命课堂转变，是当前基础教育改革的一个焦点问题。作为生命课堂理论基础，作者提出了课堂的自然生态环境和社会生态环境的概念。所谓课堂的自然生态环境，指课堂所在的地理位置、气候条件、教学的物质环境等；所谓课堂的社会生态环境是指与课堂有关的经济环境、政治环境、文化环境、科技环境，包括家庭、社会、教育团体，以及教育内部的组织构成，这两种环境共同构成课堂的价值环境和精神环境，形成有关课堂教育的态度、风气和气质观念，及特有的教育价值观和教育文化。② 可见，生命课堂从精神文化层面丰富了知识课堂。生命课堂的构建更需要外部环境的支撑。

有学者认为，鉴于教师固有的"教学习性"，作为课堂改革外部支撑机制的学校管理制度，如果制定不当，或者实施呆板，不仅不能改变教师固有的"教学习性"，反而会强化并延续在传统课堂上所固有的教学习惯，变成课堂改革的阻碍力量，从另一个角度说明了建立良性的课堂改革外部支撑机制的重要性。③

（二）课堂改革的内部协同机制的研究

随着 20 世纪中期复杂性科学研究的兴起，国内研究者开始借鉴复杂性理论对课堂教学活动和课堂改革进行研究。

从研究方法的借鉴上，杨小微教授认为，今天我们所面对的类型多样、层次分明的学校体系，逻辑严密、科目齐全的课程体系，各方参与动机不同却又配合默契的应试教育体系，都是自组织有序的运动方式。自组织的形成，适应竞争的需要，满足合作的要求，使得系统的结构和层次越来越丰富，我们常听到的"愈演愈烈的应试教育""越来越庞杂的课程内容"就是

---

① 佐藤学，钟启泉. 课堂改革：学校改革的中心——与日本佐藤学教授的对话 [J]. 上海教育科研，2005（11）：4-9.
② 王鉴. 论课堂的历史形态及其变革 [J]. 西北师大学报（社会科学版），2006（2）：85-91.
③ 王健. 课程改革中的教学变革：若干困境与现实选择 [J]. 教育学报，2008（4）：26-35.

对自组织演化的结果的描述。①

有学者认为，课堂教学活动是一个复杂的系统，具有非线性、不可还原性、自主组织性、偶然性和开放性等特征。

"新基础教育"的领军人物叶澜是把复杂性理论引入教育领域的国内最早的学者。"新基础教育"理论和实践都证明，教育变革问题本身的复杂性，决定研究教育改革必须坚持复杂思维。② "不掌握复杂理论的实质，我们无法开创基于改革的新境界……学会使用关键的复杂性理论概念来设计和指导更有威力的学习系统。我们需要推动并相信变革的进程，同时认识到它的不可预测性"。③④

在曹俊军的博士论文《反思与构想：我国基础教育新课程改革研究》中，引入了复杂性理论，作为立论的理论资源，对国外学者莫兰（Moran）等人关于复杂性科学的经典论述和我国学者对复杂科学的研究，以及在基础教育改革领域的运用进行了梳理。作者认为，这些研究开始摆脱传统的思维方式，尝试从复杂科学中汲取方法论的资源，为我国教育研究带来了新的气息。⑤

高效课堂的构建，是课堂改革的应然状态的热门话题。有研究者认为，高效课堂改革的最终目的是构筑有机体课堂和生命体课堂，维护课堂教学的生态体系，实现课堂教学活动的自运转、自组织与自平衡。什么是生态？它是指各个课堂构成要素在全面兼顾、多向互动、有序联结、自由生成的良性循环中形成一个动态平衡体。这是一个有机体，也是一个连续体，在动态平衡中，不断地进行了自组织与自创造，其自身对外界环境的适应力、变革力在持续增强。⑥

也有学者深入课堂内部，对高效课堂的"学习小组"这一组织形式进

① 杨小微. 从复杂科学视角反思教育研究方法 [J]. 教育研究与实验, 2000 (3): 64 - 70.

② 孙元涛. 论"新基础教育"学校领导与管理变革的理论创新 [J]. 中国教育学刊, 2017 (6): 21 - 26.

③ [加] 迈克尔·富兰著. 中央教育科学研究所, 加拿大多伦多国际学院译. 变革的力量——深度变革 [M]. 北京: 教育科学出版社, 2004: 29.

④ 杨辉. 课堂教学活动系统的复杂性探索 [J]. 教师教育研究, 2007 (1): 56 - 61.

⑤ 曹俊军. 反思与构想: 我国基础教育新课程改革研究 [D]. 长沙: 湖南师范大学, 2008.

⑥ 龙宝新. 高效课堂的理念缺陷与实践超越 [J]. 教育发展研究, 2014 (12): 41 - 48.

行了微观的研究。认为高效课堂中，合作学习的主要表现是生生互动、群学互教、共同探究，由"静听"到"对话"，由"接收"到"建构"，实现了学习的多重对话：与世界对话，与他人对话，与自我对话。这种师生互动的教学活动，变成了师生间"多维多层次网络状互动"的过程，它使学生彼此间在知识、方法、思维、情感和精神的互动与共生中找到了互助之路。这样学习小组的建设，就成为一个真正意义上的"学习共同体"，让小组成为解决学习问题的一个强大的基层组织。[①]

（三）课堂改革的过程转化机制的研究

基于知识管理理论的视角，"课堂改革的过程机制"就是课堂改革的知识管理和转化的过程，是一个不断深化、螺旋上升的过程，每一个循环都要经历共同化、表出化、联结化和内在化四个阶段。这个理论的基础，就是发现了知识存在不同的形态，显在的可以用语言、符号表达的，是形式知识，形式知识是知识总量的冰山一角，大量的是无法言传和不清楚的知识，只可意会不可言传的意会知识，本课题称之为暗默知识（也有称之为缄默知识的)[②]。

石中英教授在其《知识转型和教育改革》一书中列专章《第六章 显性知识、缄默知识与教育改革》研究了缄默知识的丰富内涵和充分利用缄默知识进行教学改革的问题。他指出，缄默知识理论对当前的课堂教学改革有以下几点启示：

第一，教师必须意识到教学生活中大量缄默知识的存在，必须改变自己只是一个显性知识"传递者"，学生只是一个"无知"的人或"不成熟的"认识主体的观念。

第二，认识和理解教学生活中缄默知识的关键一步就是要使它们"显性化"，从而能够对它们加以检讨、修正或应用。

第三，要重新审视"实践教学"的价值。

第四，从教学工作的各个实际环节来说，特别是从备课和教学评价环节来说，都应该考虑到相应的缄默知识。

---

① 刘鹏. 高效课堂的理念原点反省与改革走向 [J]. 中国教育学刊, 2016 (7)：56 – 61.
② 石中英. 知识转型与教育改革 [M]. 北京：教育科学出版社, 2001：220 – 245.

关于教师的专业化成长，石中英认为，也应该高度关注教师长期教学实践中形成的"沉默的教育知识体系"和在家庭、社会等其他非教师角色场景获得的经验知识与频繁的培训中获得的新观念、新方法不能达成某种程度的一致时，对教师的专业成长的制约，以及给他们带来的巨大心理压力。①

随着基础教育课程改革逐步深化，在课程改革的实践中必然遇到课堂改革的新课题。新课程要求的"生命课堂"相较于传统的"知识课堂"尚有从应然到实然的距离要跨越。有研究者讨论了适应新课程的教学模式的转化问题。关于"教学模式"及其转变，认为教学模式的内涵包括：第一，模式不是方法，它与讲授、谈话等教学方法不属于同一个层次；第二，模式不是计划，计划只是它的外在形式，仅此不足以揭示其内含的教学思想；第三，模式也不是理论，至少不仅仅是理论，它还包含着程序、结构、方法、策略等比理论丰富得多的内涵。② 研究者认识到了"教学模式"中隐含着丰富的"暗默知识"，而教学模式从知识课堂到生命课堂的转变，是一个有大量暗默知识参与的复杂的过程。

2016 年 9 月 13 日上午，中国学生发展核心素养研究成果发布，中国学生发展核心素养以培养"全面发展的人"为核心，分为文化基础、自主发展、社会参与 3 个方面。③ 素养本位的新教材和新课标相继发布，各项改革也在逐步深入，改革逐渐进入深水区，课堂改革的艰难也日渐显露。

"过程转化机制"成为学生"自主发展"的关键环节。有论者研究了"教学习性"的概念，并用这个理论去解释教学变革的迟滞和艰难。④ 布迪厄认为，所谓"教学习性"，是指"来自于社会制度，又寄居在身体之中的"习性。它是行动者"知觉、评价和行动的分类图式构成的系统"，一种"持久的、可转化的潜在行为系统"。"在日常生活中……重复性思维和重复性实践占主导地位。在这里，人们往往不是通过对新问题的自觉的和创造性的解决而修正或突破原有的规则和模式，而是理所当然地把各种新问题和新情况都纳入给定的归类模式或一般图式中。结果，日常生活很少表现出创

① 石中英. 知识转型与教育改革 [M]. 北京：教育科学出版社，2001：220 - 245.
② 段作章. 课程改革与教学模式转变 [J]. 教育研究，2004（6）：65 - 71.
③ http://edu.people.com.cn/n1/2016/0914/c1053 - 28714231.html 2022.12.25.
④ 王健. 课程改革中的教学变革：若干困境与现实选择 [J]. 教育学报，2008（4）：26 - 35.

新，而是像春夏秋冬、寒暑冷暖一样在同一水平上循环往复。在充满差异、矛盾和冲突的各种日常行为和活动的背后，存在着许多起支配作用的一般的、自在的活动图式或归类模式"。① ——这些寄居在身体里的"习性"，这些"潜在行为系统"，一定是大量暗默知识的聚集之处，作为"教学习性"的暗默知识，维持着传统的课堂形态，在一定程度上阻碍着课堂改革的知识转换。研究"教学习性"的意义在于，可以更深刻地意识到课堂改革的艰难和问题所在，以便更加顺利地找到解决问题的方向。

在理论的观照下，学校也在探索课堂改革的具体的知识转化的实践道路。昌邑一中构建了75分钟课堂教学拓展法，按照三个步骤来推行这种课堂模式：第一，重点推进学校制定实施方案，明确操作流程，统一评价标准，在骨干教师中先行推进。第二，总结经验积累经验。② 第三，概括升华整体提升。从整个流程中可以看得出课改实践者的潜在的课改知识管理和转化的意识。

在对课堂"教学模式"的一片批评声中，张立昌教授写了一篇辩护文章《高效课堂的技术性及其意蕴：从脑图辅助教学谈起》，为高效课堂的技术性提供了充沛的理论依据。就在这篇文章中，作者对高效课堂改革进行了鞭辟入里的分析，他认为：高效课堂改革是一场"地下行动"，是一系列隐秘的经验诀窍，是一大堆行之有效的"教学机制"，这些都是停留在缄默状态的知识，这些缄默知识就像古人所说的"道可道非常道"。一些外显的课堂技术课堂改革的套路作为"可道之道"，而不可道之"道"则是课堂改革的艺术和智慧，正是依赖"可道之道"才得以实现。所以这些课堂技术正是把这些课改背后的秘密知识有效地具形化，为课改的其他参与的实践者架设一条通往课改深水区的桥梁。③

在人们以往所研究过的教学模式中，没有一种模式是万能模式，或者是达到特定教学目标的唯一途径，教学模式具有针对教学目标的具体规定性。这就要求优秀的教师必须为了自己的终身职业发展，不断掌握大量新的教学

---

① 皮埃尔·布迪厄，华康德. 实践与反思［M］. 北京：中央编译出版社，2004.

② 朱平. 75分钟拓展课堂教学法：为何与何为［J］. 中国教育学刊，2009（10）：49－52.

③ 张立昌. 论高效课堂的技术性及其意蕴：从脑图辅助教学谈起［J］. 湖南师范大学教育科学学报，2014（5）：51－58.

模式，完善和扩展已有的教学模式。① 《教学模式》一书中提出的关于"课堂模式"的辩证观点，值得我们借鉴。关于"教学模式"的深入讨论，为我们探讨课堂改革的"过程转化机制"提供了新的思考维度。

三、文献述评

（一）课堂改革的方向十分明确

经过八次基础教育课程改革的洗礼，以及多年的实践摸索，无论是理论工作者，还是学校实践工作者，都在意识中构筑了一个不约而同的应然的课堂形态。人们对这种课堂形态进行了多维度的描述：这样的课堂，学生的主体地位得以彰显，教师是学生学习的启迪者、帮助者，师生之间、生生之间是互动合作探究的；知识的学习是重新建构的过程，同学之间，以学习小组的形式合作互助。课堂注重学生的学习生活质量，尊重生命成长的规律。培养出的学生是五育并举的"全面发展的人"。

（二）出现了丰富的课堂形态

人们从多维的视角进行了多样化的表达：或称之为"生态课堂"，或称之为"生命课堂"，或称之为"幸福课堂"。更多人从优质高效的角度，称之为"高效课堂"并赋予高效课堂新的含义，在知识的掌握、能力的提高之外，加入了促进人的精神世界成长的意义。这些对于课堂新的命名，其背后都指向对学生生命价值追求的关注。课堂作为学生重要成长现场的意义，是对基础教育新课改理念的落实，也是对过去静态课堂、知识课堂的超越。

（三）理论视角的拓展

课堂形态研究的理论资源呈现多样化的态势，人们超越单纯的教育学的范畴，到广阔的理论世界中，寻找课堂改革研究的理论依据。研究者的视野越来越开阔，从社会学、心理学、文化学、管理学、生态学等学科领域中汲取研究资源，对课堂教学和课堂改革进行多角度的研究。建构主义理论成为教育研究的热点理论。复杂性科学理论、自组织理论、知识管理理论也受到

---

① Bruce Joyce，Marsha Well，Emily Calhoun 著，荆建华、宋富钢、花清亮译. 教学模式 ［M］. 北京：中国轻工业出版社，2013：23.

关注，开始成为教育学研究新的领域。

（四）研究方法逐渐多样化

在常用的定量研究之外，质性研究、行动研究逐渐增加。理论工作者用理论关照具体的学校改革实践，指导具体改革行动，并在行动研究当中修正理论，使理论建构有了坚实的实践基础和生命力。广大的一线教育工作者，开始用理论的视野和研究的思维指导自己的改革行动，一大批原创性的草根课堂改革实验，取得丰硕成果。这些成果由于浓郁的本土特色，越来越焕发出强大的生命力。

（五）课堂改革本土行动的意义

来自县域中学的课堂教学的改革行动，是教育一线对课堂教学问题的回应和民间解决方案，是多种综合因素作用的结果。

这些促进因素，有国家政策层面的引领，比如数次新课程改革的观念普及；有耦合实践的理论指导，比如建构主义的教学思想流行；有经济发展和技术进步的必然要求，比如培养适应未来人才的核心素养对课堂教学的诉求；也有功利性的适应高考改革提高升学率的现实压力因素。

总之，在多种复杂因素的的作用下，中学课堂的教学现场正在发生着持续的变革，课堂教学的理念、教学目标、教学内容、教学方法、教学模式、教学技术等都在发生着重大变化。

来自教学现场的课堂改革探索，迅速推动了教育观念的更新，强烈推动了当地教育的发展，全面提高了学生的综合素质和教育质量。典型课改校的成功，产生了轰动效应，也带动了学习取经的热潮，成为创新课堂教学的榜样，推动了基础教育改革的进程，为丰富中国基础教育的教学理论，贡献了经验和智慧。

（六）研究的不足

当下基础教育课堂改革的最大问题，是理论研究和现实状况的脱节。广大薄弱中学的实然的课堂状态和新课程改革所昭示的应然理想课堂有非常大的距离。尽管有个别课改校的课改成功，向人们描绘了一幅课改的前景，但真正实现课改蓝图的学校并不多。

目标就在前方，但到达目标，却又何其的遥远。

研究者和实践者对如何到达理想的课堂境界也做了很多的努力，比如从决策层面、传导层面、执行层面、干预层面都有过研究，但是这些研究都是零散的，只是管中窥豹，击其一端。虽然具有片面的真理性，但并不能系统地解决问题。

迈克尔·富兰说，课堂改革是一段旅程，而不是一张蓝图。① 如何走好这段旅程？如何整体观照系统思考实现课堂改革的目的，仍然是一个尚待深入研究的问题。这也正是我们"薄弱中学课堂改革的管理机制"研究的意义所在。

第三节 核心概念

一、薄弱中学

（一）"薄弱中学"概念的出现具有政策因素

"薄弱中学"概念的出现，属于一个历史范畴，具有使用领域的规定性。在推进九年义务教育达标的过程中，制定了一系列的标准，薄弱中学就是距离所制定的标准尚有一定差异的学校，因此，它属于基础教育范畴的概念且具有很强的政府主导型。②

1998 年 11 月，教育部印发的《加强大中城市义务教育阶段薄弱学校建设，办好义务教育阶段每一所学校的若干意见》中这样来描述"薄弱学校"："在大中城市的一些中小学中，或因办学条件相对较差，或因领导班子力量不强、师资队伍较弱以及生源等方面的原因，使得学校管理不良，教学质量较低，社会声誉不高，学生不愿去、家长信不过。"

（二）"薄弱中学"的概念界定的几个要素

在学者们对"薄弱中学"的概念界定中，常常要提到以下几个要素：

软件方面，学校管理层水平不高，教师业务水平差，生源基础薄弱，学

---

① ［加］迈克尔·富兰著. 中央教育科学研究所，加拿大多伦多国际学院译. 变革的力量——透视教育改革［M］. 北京：教育科学出版社，2004：102.

② 王永强. 薄弱学校的界定及成因探究［J］. 河南科技学院学报，2012（4）65.

生没有良好的学习习惯，校风校纪差。

硬件方面，学校的办学条件差，教室现代化水平不高，设备陈旧，缺少实验器材，缺少进行多媒体教学和远程教育的设备，住宿条件差，图书资料陈旧，数量少，缺乏更新，缺乏进行体育运动的器械，运动条件差。①②

教育质量和办学效益方面，办学效益差，教学质量不高，不能适应学生成长的需要，满足不了社区和家长的期待，社会声望低。③④

（三）"薄弱中学"是一个相对的概念

所谓"相对"，一层含义，不同区域之间关于"薄弱"的衡量标准是不一样的，发达城市中的薄弱学校，在偏远山区也许就是好学校。⑤ 另一层含义，随着教育观念的发展变化，比如，培养学生"核心素养"这一教育目标的出现对学校的薄弱与否，又有了新的界定。原来一些非薄弱校，由于缺乏核心素养理念的引领，教学能力、教学方法、教学意识远远落后于这一教育理念的要求，学校管理也缺乏相应的人文关怀和先进的文化理念，整个学校难以形成适应核心素养培养理念的核心竞争力，那就会成为新形势下的薄弱校。⑥ 最近国家大力提倡的教育均衡发展，正是因为这些薄弱学校的存在，严重影响了义务教育的公平。

本书界定的"薄弱中学"的概念如下：

"薄弱中学"是指一定时期内特定区域中办学条件、管理水平、师生素质、教学效益和社会声望相对较差的学校。薄弱中学是一个和优质中学相对而存在的基础教育领域政策语境下的一个概念，具有特定地域性和特殊历史性。

二、机制

从词源上讲，"机制"一词最早出现在清代丘逢甲的《汕头海关歌寄伯

---

① 王鑫，赵一鸣. 从政府层面分析基础薄弱学校的成因及改造对策 [J]. 齐齐哈尔师范高等专科学校学报，2012（2）：35.

② 邓静芬. 薄弱学校改进对策初探 [J]. 四川教育学院院报，2009（2）：93.

③ 朱俊. 论薄弱学校的改造 [J]. 现代中小学教育，1999（4）：3.

④ 李桂强. 薄弱学校研究综述 [J]. 内蒙古师范大学学报，2004（6）1.

⑤ 郑友训. 薄弱学校的成因及变革策略 [J]. 教育探索，2002（10）：43.

⑥ 吴艳霞. 核心素养视角下薄弱学校文化建设刍议 [J]. 教学与管理，2017（10）：11 - 12.

瑶》："西人嗜糖嗜其白，贱卖赤砂改机制。"这里的意思就是用机器制造或生产。

改革开放之初，"机制"一词不断出现在各种联合词组中，成为词组的中心词，比如"竞争机制""企业内部机制"等，"机制"一词一定程度上成为时代热词，而人们之前对"机制"的研究和关注不够，词典上又无详尽解释，所以就引起了研究和探究的需要。

《瞭望周刊》为了回应人们来信提出的问题，请陈芜写了一篇文章，来解答这个问题。陈芜的这篇《"机制"的由来及其演化》（1988）成为探讨"机制"概念比较早的理论文章。在这篇文章中，陈芜从构词法上提出"'机制'是'机器'与'制动'这两个科技语中各取一字构成的，原意是指机器构造及其制动原理和运行规则"。他进而又提出，"机制"一词后来演化到有机物，生物学与医学运用类比方法，借"机制"喻指生物机体尤其是人体的结构和功能，旨在探究它们内在运行、调节的方式和规律。①

陈芜对"机制"的构词法解释以及应用上向有机物转化的趋向，被后来的研究者所接受。随着研究的深入，张建新提出："这一概念被移用到社会领域。就我国来看，它是在改革开放以来才被广泛地应用起来，出现了经济机制、民主政治机制、思想机制、社会机制等概念。"②

马维野、池玲燕③和李以渝都从"机制论"的理论高度来定义"机制"。

李以渝的研究从词典释义出发，他发现，《现代汉语词典》中对"机制"的解释是："（1）机器的构造和工作原理；（2）有机体的构造、功能和相互关系；（3）泛指一个复杂的工作系统和某些自然现象的物理化学规律"。在《现代汉语名词辞典》中对"机制"的解释是："对事物变化的枢纽关键起制衡的限制协调作用的力量、机构和制度等"。结合"市场机制"，列举亚当·斯密著名的观点，认为市场经济有"一只看不见的手"——机制，即隐蔽在市场经济活动表面现象背后支配着商品生产和交换的价值规律。一般而言，"看不见的手"极其形象地揭示了"机制"的基本特征。最

① 陈芜."机制"的由来及其演化［J］.瞭望周刊，1988（50）：30.
② 张建新.社会机制的涵义及其特征［J］.人文杂志，1991（6）：17,33－35.
③ 马维野，池玲燕.机制论［M］.北京：中共中央党校出版社，2000：232－234.

后，他得出自己的结论：机制是事物内在具有的原理、规律，它自发地对事物起作用。简单一点说，机制是事物内在的因果关系。可在形式上表示为：机制 = 如果 A（自动）则 B（A、B 为系统子系或元素）。①

后续的研究者基本上延续了这种研究方向。

范敏认为，机制就是一个系统。将"机制"界定为一个工作系统的核心要素和工作原理。②

任琳琳认为，机制就是组织运行的基本规律。研究学校中的"机制"问题，就是研究学校在日常运行、发生变革以及提升发展过程中各要素稳定的因果联系，就是探索和发现学校变革规律。③

胡培卿认为，"机制"就是制度加方法或者制度化了的方法。④

李政涛认为，"机制"是组织管理的内在机理，是"变革之魂"。⑤

综上所述，研究者关于"机制"概念的理解，具有很多共性的地方：

（1）机器的构造和工作原理。这一定义可以从以下两方面来解读：一是机器由哪些部分组成和为什么由这些部分组成；二是机器是怎样工作和为什么要这样工作。比如"计算机的机制"。

（2）有机物的构造、功能及其相互关系，主要运用在医学和生物学领域。比如"生理机制""心理机制""分娩机制"等。

（3）经济领域和社会组织的各构成要素和相互关系。比如"竞争机制""社会机制""市场机制""管理机制""调控机制""运行机制""动力机制"等。

现在常使用的，已经不是它的本义，而是具有社会学内涵的引申义："在正视事物各个部分存在的前提下，协调各个部分之间关系以更好地发挥作用的具体运行方式"。当人们把社会、文化、教育、经济等领域当作是一个个系统来认识的时候，机制就被用于对这些系统内部循环结构及其相互关系的描述了。

---

① 李以渝. 机制论：事物机制的系统科学分析 [J]. 系统科学学报, 2007, 15 (4)：22 – 27.
② 范敏. 论学校变革模式与变革机制的关系 [J]. 现代教育论丛, 2013, No. 191 (3)：49, 95 – 98.
③ 任琳琳. 学校变革的发生机制研究 [D]. 东北师范大学, 2011.
④ 胡培卿. 教师专业发展的学校管理机制研究 [D]. 福建师范大学, 2007.
⑤ 李政涛. 为学校变革寻找"机制之魂" [J]. 中小学管理, 2009 (4)：1.

社会学理论认为"机制"的基本含义有三个：一是指事物各组成要素的联系，即结构；二是指事物在有规律性的运动中发挥的作用、效应，即功能；三是指发挥功能的作用过程和作用原理。将这三点综合起来，"机制"就是"带规律性的模式"。

理解"机制"这个概念，要把握以下两点要素：

第一，组成事物结构的各个部分是机制存在的物质基础。各个部分的组合，产生各个部分之间的关系。

第二，协调各个部分之间的关系的具体运作方式。机制协调运行而发挥作用，正是依靠这种事物之间的各个部分有机的联系。

事物的任何一种机制的形成主要依靠内外因素的变化：首先是内因的变化。通过事物发展内部力量的纷繁复杂的协同运作和互相竞争，不断交汇形成一些发展变化的"临界点"。这些"临界点"往往是突破当前状态的"关节点"，其变化方向和状态决定着整个事物发展变化的方向和状态。其次是外因的促发。事物各子系统之间的信息联结和能量交换，需要与外部环境协同一致相互作用，成为一个开放的系统。外部环境中所存在的能够影响事物发展的关键要素，就是事物发展机制的外部根源。机制的形成，正是内因、外因共同作用的结果。

综上所述，本书将"机制"定义为：事物内部各组成要素之间以及与外部环境之间的内在运动规律，一旦建立，它自发地对事物的发展起作用。

三、课堂改革

"课堂改革"的概念，我们从两个方面来界定：

（一）在整个学校改革的语境中，"课堂改革"属于微观层面的改革

宏观层面的改革，比如办学体制的改革，事关公有制、私有制和民办公助等学校的根本性质方面的改革；比如学校结构形式的改革，像近年来出现的集团化办学的多种形式——多校区学校，以及一校多址的各种结构形式；再如学校组织变革，也属于宏观层面整体系统化的改革。

学校改革的中观层面，常见的有如下几种：学校德育培养体系的改革，家校协作方式的改革，后勤保障体系的改革以及教师校本研修方式的改革等。

课堂改革处于学校改革的最基础的微观层面，是改革的最基本单位。

(二)"课堂改革""课程改革"语义的辨析

关于"课堂改革"和"课程改革"的区别和联系，龙宝新在《当代课堂改革的历史经验与改革走势》一文中有精彩的论述。他认为，课改就是"改课"，就是"教学改革"，就是"课程改革"。课改首先是"课程改革"，是对课程开发、课程内容、课程实施、课程管理、课程评价的全程全面改革，几乎涉及基础教育改革的全部领域，对整个教育改革具有宏观性、指导性意义。相对而言，"改课"即"课堂结构改革""教学流程改革"，是指对教学活动流程、结构、方法、模式、手段的改革，这是最微观的一个教育实践领域。龙宝新认为，完整意义上的"课改"具有三个层面：即"课程改革""课堂改革""教学改革"，三个层次协同推进才是一次完整的课改。

课程改革是当代课改的目标与宗旨，教学改革是当代课改的关键与实质，而课堂改革则是整个改革的现场与舞台，所有课程改革、教学改革都必须在"课堂改革"的"课堂"现场与"课堂改革"操作中完成。①

笔者对上述观点中将"课堂改革"和"教学改革"区分开来的做法存在不同看法。

当代课堂改革的灵魂在于"课程改革"，其改革路径在于"教学改革"，而理念更新与实践改变的结合点、融合点则是"课堂改革"——这固然是正确的。但他又说，"课堂"不同于"教学"，课堂还包括教学的组织与情境，也就是说"课堂 = 教学（结构 + 流程）+ 组织 + 情境"，其中，"教学情境"是指一切影响课堂教学活动发生发展的因素总和，它是将"课堂"与"教学"区分开来的关键要素，是赋予课堂教学活动复杂性、多变性的根源所在。显然，作者是将"教学改革"和"课堂改革"区分开来并且将"教学改革"置于"课堂改革"的概念之内的，前者涵盖于后者。

既然如此，就完全没有必要在将"课程改革"和"课堂改革"进行区分之后，再将"课堂改革"与"教学改革"加以区分。将"教学改革"容

① 龙宝新. 当代课堂改革的历史经验与改革走势 [J]. 教育与教学研究, 2017 (1)：109 – 117.

纳进"课堂改革"之内，既不影响"课堂"作为改革关键部分的重要性，也丝毫不会影响改革者在课堂实践中灵活全面地应对各种教学问题，构建朴质、创新和生成的课堂形态。

综上所述，本课题界定的"课堂改革"，就是对课堂教学相关构成要素及其相互作用方式的改革。即包括教学流程、结构和组织的改革，也包括教学情境的改革。是课堂内外部要素改革、过程改革的综合机制。

第四节　研究设计

一、理论基础及其适切性分析

（一）约翰 P·科特的领导变革理论

约翰 P·科特的领导变革理论，是建立在区分管理还是领导的基础上的。[①]

在约翰 P·科特看来，管理是确保人员和技术构成的复杂系统顺利运转的一系列流程，管理最重要的工作包括：制定计划、做好预算、安排好组织结构和人员布局、控制流程、解决发生的问题；而领导是指带领一个组织进行一系列流程的创造，这个流程事关卓越性的目标和适应重大环境的变化，其中包括：制定远大的愿景，用愿景激励人们按照设定的方向前进，克服困难实现愿景。

约翰 P·科特认为，当今的许多组织都只是进行管理，却没有形成强有力的领导。

在此基础上，约翰 P·科特提出了领导变革的顺序不能颠倒的八个流程，也称八个步骤。这八个步骤分别是：

第一，树立紧迫感。自满和惰性是实现变革的最大阻力，树立清醒的紧迫感是成功变革的第一步。

第二，组织领导团队。这个领导团队中的领导人要有很高的威信，要有广博的知识，要具备领导和管理能力，尤其是领导能力。领导团队的成员结

---

① ［美］约翰 P·科特著，徐中译．领导变革［M］．北京：机械工业出版社，2014：17 – 26.

构合理，成员之间建立朝向共同目标基础上的相互信任。在领导变革的初期，建立这样一个领导团队是首要任务。

第三，设计战略愿景。一个有效愿景具有六个方面的特点：它是可想象的，呈现给人们未来是什么的一个美好画面；它是值得做的，以所有利益相关者的长期利益为诉求；它是可行的，是现实的能够实现的目标；它是聚焦的，对于组织的决策具有清晰的指导作用；它是灵活的，适应变化，鼓励个性化的创新；它是易于沟通的，可以在短短的 5 分钟之内阐释清楚。愿景三个重要的作用：一是指明了变革的整体方向，二是具有激励人们战胜痛苦朝着正确方向前进的作用，三是可以高效协调成千上万行动者的步调。

第四，沟通变革愿景。愿景的目标和方向为大多数人所理解的时候，它的作用才能最大化，而接受一个未来的愿景，不管从人们智力上还是情感上，都是一种挑战。要对愿景进行有效的沟通，必须注意以下关键因素：沟通必须简单，用人们所能理解的语言，而不是专业术语和技术用语；善用比喻、类比和事例；不妨采用多种传播媒介；多种场合进行重复，以示重要作用；充分发挥领导者的榜样作用，领导者的行为要和愿景倡导的方向一致；一旦出现看起来不一致的信息，要及时进行解释；善于双向沟通，不仅会表达，同时也要学会倾听。

第五，善于授权赋能。不能很好地授权赋能便不能调动起人们变革的积极性。授权赋能的最大障碍，存在于组织结构缺陷、变革者技能缺乏、制度不健全和管理者专权。要使授权赋能促进变革，必须改变不匹配的组织结构，调整不协调的规章制度，给员工提供必要的培训，处理那些破坏变革的管理者。

第六，积累短期胜利。鉴于变革进程的长期性和艰难性，短期胜利在人们变革的进程当中，具有多重作用：一是用越来越显著的回报来强化人们所做出的变革努力；二是为那些变革的推动者提供庆祝和放松的机会；三是短期胜利是对愿景在实践过程中的检验以便必要时提供及时战略的调整；四是可以让变革的反对者降低反对的声音；五是明确可见的短期胜利，可以说服领导者继续支持变革；第六，短期胜利可以扩大变革推动者的力量。

第七，促进变革深入。变革之路漫长，不要过早地进行整体的庆祝，让自满情绪蔓延。人们对于变革的非理性的、政治性的反对力量永远不会消失。变革如果不继续深化，就会面临倒退。要使大规模的变革更加深入和成功，就要在短期胜利之后，趁机推行更多更重大的变革，不断扩大变革者同行者的力量，引进、提拔和培养更多同行者，领导者要加强对共同愿景的引领和保持变革紧迫性，中下层管理人员进行更具体的领导和管理，同时消除那些不必要的相互依赖。

第八，成果融入文化。如果不能让变革的成果融入文化变革的实践，就会倒退到出发的地方。新的行为习惯融入传统文化到新的行为习惯取代旧文化，是一个螺旋式的上升，是人们的行为规范和共同价值观的内在化。对于变革的流程而言，文化变革一定是在最后，而不是放在最初。

（二）领导变革理论对本书的适切性

领导变革的八个步骤描述了变革的整个流程。实质上这八个步骤具有宏观领域、中观领域和微观领域的不同。

前四个步骤树立紧迫感、组建领导团队、设计战略愿景和沟通变革愿景都是属于变革的宏观层面，是变革的支撑力量。

而第五个步骤善于授权赋能，更多的是从结构重组和流程再造来论述，是属于变革的中观层面，涉及的对象是组织变革的内部协同力量。

最后三个步骤积累短期胜利、促进变革深入和成果融入文化，深入到变革的微观层面，是论述变革文化的转化过程、转化机制。

本书主题是"薄弱中学课堂改革的管理机制"，以薄弱校的"课堂"为着眼点，把薄弱校课堂改革的紧迫性、课堂改革的领导团队、课堂改革的战略愿景和会话机制作为宏观层面外部支撑机制。而发生在课堂之内的结构重组，体现为班级文化建设的班级部委制的建立，则为课堂改革的中观层面的内部协同机制。而课堂改革进程当中的课改文化的共同化、表出化、联结化和内在化，包含着积累短期胜利、促进变革深入和成果融入文化的所有流程，是课堂改革的微观层面的过程转化机制。

发生在课堂之内的教学改革，同时受到外部机制的"学校学习共同体"的支撑和内部机制的班级自组织的协同，从微观的课改文化的转化过程、中观的班级组织的重组到宏观的学校"学习共同体"的建立，课堂改革的过程作为一个有机整体，经历着课改文化螺旋式上升的过程。课堂改革作为学校最核心的工作，深刻地波及学校工作的方方面面，改革的过程，也是知识创造的过程，是学校文化重构的过程，经历知识创造的共同化、联结化、表出化和内在化，随着改革的不断深化，知识的层次呈现螺旋式的上升。

通过以上分析可以看到，我们用领导变革的基本理论框架来分析薄弱学校课堂改革的机制问题，具有较强的契合性。

二、研究方法

（一）本书采用案例研究的适切性

"案例研究方法是对个人、人群或现象进行调查的术语总称。调查中可采用多种技术，包括质和量两种方法。案例研究的一个明显特征在于它的一个宗旨，即认为人不是各种特征汇集的松散的个体，而是各特征的有机统一体。因此，这种宗旨的一个相应结果是：个案研究者要理解某个个案，要阐释该案例发生的缘由，并从单一案例进一步概括或预测，这就需要对各个独立部分和模式进行深入的调研。"[①]

这里深刻地阐释了案例研究的要义，我们要研究一个有机统一的社会现象，就从具体而微的一些个案中去挖掘、概括和预测。

根据国内外学者的研究，案例研究具有如下三个特征：

（1）整体性。整体性强调案例研究不管其研究对象是"个人、人群或现象"，必须被视为一个整体，整体各元素之间相互依赖，其中一个发生变化，其他所有的元素也都将随之变化。作为一个案例研究的整体性，不但体现在平面上，即从头到尾的整体结构，而且体现在全方位之中，案例中的人与事的全面纠葛和相互作用之中。所以，案例研究最适合研究那些需要探求"原因""机制"的问题。

（2）综合性。综合性主要是指案例研究中收集资料的手段可以是多样的，研究的方法可以是综合的。研究中既可以采用量的研究来进行，也可以

---

① ［瑞典］胡森等主编，张斌贤等译. 教育大百科全书（教育方法论卷）［M］. 西南师范大学出版社，2006：254.

采用质的研究来进行。历史法、访谈法、调查法、统计法、问卷法、观察法，等等，都可以根据研究需要灵活运用。

（3）研究内容的深入性。案例研究要求研究者亲临现场，全方位、长时间接触研究对象，围绕某一研究问题收集研究对象尽可能详尽的资料。确保研究内容能够做到深入细致。①

我们的研究问题是课堂改革的机制，作为一个整体性的教育问题，具备课堂改革的整体结构，也必然纠缠于改革过程中的人与事的相互作用，改革的层次、结构和过程，改革各要素之间的相互作用，都可以在具体的案例研究中找到因果关系和发展规律。

（二）具体的研究方法

本书的研究问题是课堂改革的机制和要素，以及它们之间的关系，研究课堂改革的转化过程，具有历史性、复杂性、综合性、过程性等特点。为了发现课堂改革的规律和内在机制研究采取了多案例的策略进行对照分析，在深入考察和访谈的基础上归纳出课堂改革实践的一般知识，并期望对课堂改革研究与实践有所借鉴和启示。由此，本书选择多案例研究的策略。

笔者长期从事中学教学管理工作，先后在山东和北京两所重点高中参与课堂教学改革，为了研究的客观性，和研究对象保持一定的距离，研究者选取了一南一北、一线城市郊区校和西南山区农村校两所案例校来对比研究，并没有把自己工作过的这两所学校作为案例校。选取本书的这两所案例校对研究工作而言，具有很大的不方便，主要是考虑了研究的客观性。对案例校进行持续的观察、访谈和追踪研究，历时 3 到 4 年不等，不断积累过程性资料，及时把握课堂教学改革的机制及其复杂性。

1. 文献法

根据本书的选题，首先对前人相关研究的文献进行搜集、梳理和分析，获取充分的资料，对前人的研究成果有一个深入的了解和准确的评价，并在前人研究的基础上，探索本书可能的拓展空间。本书对前人文献进行了以下几个方面的查阅和梳理：①以时间为径，对课堂改革研究的整体图景进行梳

---

① 杨小微. 教育研究的理论和方法 ［M］. 北京：北京师范大学出版社，2008：188.

理；②课堂改革外部支撑机制相关研究的文献梳理；③课堂改革内部协同机制相关研究文献的梳理；④课堂改革的过程转化机制相关研究文献的梳理。到案例学校实地考察，搜集和整理案例学校课堂改革的相关文献、各类文件、报告文本或者会议 ppt、工作日志、行政会或者教师专业委员会的例会记录和音像资料。

2. 访谈法

相关人物的访谈，是本课题最重要的资料来源。

笔者数次进入研究现场，对研究对象进行访谈，主要作为两种身份：一是访谈对象的朋友，具有良好的个人关系，彼此信任，又无利害关系，可以创造良好的访谈氛围；二是纯粹的研究者，经朋友介绍，明确告知访谈对象目的是进行课题研究，让访谈对象解除戒备心理，并且告知访谈对象，访谈资料的使用会先整理录音，最终经过访谈对象的同意，才会用于研究。

访谈对象的选择，充分考虑学校课堂改革的方方面面的相关者。既包括校长、副校长、主任、班主任、学科组长和普通教师，每所学校选出了 20 人左右的访谈对象，每人进行两到三次不同时段的访谈。在访谈方式上，主要是单独面对面访谈，也有集体群组访谈、电话访谈和 QQ 交流。比如和校长、副校长以及课改的核心人物，进行面对面访谈；对教研组进行集体群组访谈。本书访谈资料约为 40 人的访谈，30 万字左右。

在整理和分析上述文献资料和访谈资料时，笔者都采用了图表法、备忘录、类属分析和三级编码等方法。提取归档不同文体领域，绘制图表；反复阅读各类资料，随时备注，建立索引；根据扎根理论，从不同角度在资料中提炼本土概念，寻找内在联系，建立理论框架。

（三）研究伦理问题

在选取访谈对象之前，首先进行充分的沟通，就研究的问题进行说明，开诚布公，遵循自愿的原则。访谈录音也都事先征得受访者的同意，并且承诺通过录音整理的文字资料在使用之前会征得受访者的同意。访谈时间充分尊重受访者的意见，以不打扰工作、不影响生活为原则。为了实现访谈时切实保护受访者隐私的承诺，也是为了在访谈时最大限度地消除受访者的戒备心理，以得到最真实自然的访谈资料，所以访谈资料的使用，涉及单位和人名的，全部使用拼音代码。①

(四) 案例选择

本书以推行课堂改革的学校为研究对象。案例校根据目的抽样和方便抽样的策略，采取了如下的选择标准：

一是推行明确的课堂改革的时间起码三年以上，且具有了明显的成效，课堂改革的外部环境和课堂的内部生态都发生了实质性的变化。

二是课堂改革进程始终在同一个校长的领导之下。

三是多案例选择兼顾不同学段、不同区域环境和城乡差异。

本书选取了两所案例校。一所是北京市昌平区的某城乡接合部的初中校ZT中学，这是研究者所在城市的一所学校，是笔者一直关注的一所进行系统课堂改革的郊区校。另一所是贵州省兴义市兴义三中，兴义市是贵州省的地级市，但是这所学校是这座城市的薄弱高中校。选取这所学校，是因为校长是笔者教育博士的同班同学，具有良好的个人关系，他去这所学校几年来，积极推行学校改革，课堂改革也在持续推行当中，并且教学成绩和老百姓的口碑都有了巨大的变化。

访谈这两所案例校，每所学校20人，共40人。案例校之外，跟踪访谈了一些著名课改学校的课改典型。研究者利用和"北京师范大学区域均衡教育研究中心"的良好关系，持续关注、参与他们推进课堂改革的各类培训，结识了很多课改学校的校长、副校长、主任和骨干教师。他们身份不同，来自不同省份，办学环境也有很大的差异。尽管这些课改人物的访谈记录没有进入研究文本，但是从不同角度，对课堂改革的内部机制和外部机制，提供了多角度的观点和丰富的素材，充分保证了本书的理论饱和。

1. 北京市昌平区的 ZT 中学

北京市昌平区 ZT 中学是一所地处城乡接合部的农村中学，是1957年成立的乡镇中学。由于受到地域内经济发展、教育重新布局等综合因素的影响，外来流动人口剧增，随迁子女比例逐年上升，本地优质生源逐年减少。

---

① ［美］哈里·F·沃尔科特著，杨海燕译. 校长办公室的那个人［M］. 重庆：重庆大学出版社，2009：3－5.

以 2013 级学生为例，这一届学生共 106 人，随迁子女占总人数的比例为 85%，90 名外来随迁子女中有 42 人来自周边公立小学，有 40 人来自周边民办学校和私立学校，有 8 人来自外省市户籍所在地学校，生源构成十分复杂。

2010 年之前，学校周围两个著名的小区同时入住，周边常住人口剧增。为了适应人口增长的需要，昌平区在这里陆续增设了几所新学校。新学校建设起点高，区里更加重视，师资力量也强，致使这所老学校的学生大量流失，教师也出现很大的流动，学校日渐衰落，教育教学质量不断下降，整体位于昌平区的下游水平，成为区里有名的薄弱校。

2012 年 7 月，MF 校长走马上任。面对严酷的办学现实，MF 校长在上级主管部门的支持下，重新调整了领导班子，和新任领导成员一起，重新建构了学校的办学理念。他们认为，构成学校教育最重要的主体是学生和教师，着眼于学校的改革，也必须从这里出发，从这"两个主体"的成长和发展去思考，经过反复的酝酿，他们确立了"让每一名学生阳光做人、自信做事""让每一位教师用心工作、舒心工作"的办学理念。"把学校办成一所学生受益、家长满意、社会认可、教师幸福的内涵式发展学校"成为学校新的办学目标。

学校的改革从加强班级文化建设起步，逐渐深化，课堂教学改革成为学校改革的主战场。2013 年 4 月，通过广泛的学习考察，慎重决策，决心引进学习河南西峡一高的"三疑三探"式课堂教学模式。学习考察也由校长、教务主任，逐渐扩大为各学科教研组长，最后是全校 90 多位教师全部到西峡一高学习了一遍。考察学习，是更新观念、统一思想的第一步，在反复切磋、辩论、质疑和实践中，逐步达成了共识。

（1）学习准备阶段。从 2013 年 5 月到 8 月，他们相继开展了以下宣传、展示和研讨工作：2013 年 5 月 3 日，"三疑三探"课堂教学模式解读会，由教务主任 LJL 对这种要借鉴学习的新的课堂教学模式进行全面的介绍和解读。5 月初，部分前往河南西峡考察学习的教研组长和全体教师交流学习体会，并且通过观摩展示课和随后的及时解读，让本组的教师对课堂教学的新模式具备了具体的感受。之后部分教师开始在课堂上尝试新模式，学校及时收集并精选有关疑探教学的理论文章和课堂改革的详细资料，印发给全体教师，并通过读书交流的方式，促进理论层面的提升。9 月份，全校三个年级九大学科，全面推行"三疑三探"的教学模式。

（2）全面实施阶段。2013 年 9 月至 2015 年 8 月，ZT 中学的课堂改革全面扎实地实施。学校营造了浓郁的课堂改革的舆论导向，通过培训提升、督导巡查、评价激励等机制，在课堂改革中做到了全方位推进、常态化推进，行政推动与培训、巡查、研学、评价相结合。经过研讨和实践，他们构建了"ZT 中学课堂计分评价系统"和学生月度、年度表彰制度，制定了全校统一的"课堂教学设计"模版。收集整理教师课堂改革中提出的疑问和困惑，举办教师沙龙、专题研讨，组织研究力量重点攻关，同时邀请课改名校的课改专家进校诊断。通过各项措施坚持不懈地实施和推进，学校的课堂改革不断向纵深迈进。

（3）创造超越阶段。随着课堂改革观念的深入人心，疑探教学的课堂教学模式，由于负载着新的课堂教学理念，是对新的教学观念的结构化，随着老师对新的课堂教学模式的娴熟运用，开始出现教师个性化特色的新创造。教师根据学生特点对教材内容、章节编排等进行个性化加工、改造、取舍，同时融入个人的教学风格，开始从"有模式"到"出模式"，不断有教师体会到"无式胜有式"高层次课堂教学的境界。随着改革实践带来的教师教学风格的成熟和教学成绩的逐年提升，学校知名度、美誉度不断提升，不断有外省市学校的教师前来取经学习，在课堂教学改革上开始反哺教育界同行和兄弟学校。

ZT 中学改革之初的 2013 年，在昌平区的综合评价，在 35 所全体初中校中排 32，属于倒数，是名副其实的薄弱校，各学科综合排名也都在后面。推行改革三年后的 2016 年，学校综合排名进入前 15 名，意味着进入了全区优质校的行列，语文、物理、化学和数学这四个学科全部进入昌平区优秀学科行列。

2. 贵州省兴义三中

兴义三中创建于 20 世纪 60 年代末，坐落于兴义市老城街。1972 年更名为兴义三中，是一所拥有 20 个教学班的初高中完全中学。1986 年市人民政府组建另一所高中，兴义三中保留初中部，高中部调至这所新组建的高中。1991 年起兴义三中重新恢复高中部。

2010 年 4 月，学校搬迁到现在位置。2011 年 9 月，市人民政府对学校进行整合，确定兴义三中为高级中学，只保留高中部。这时候的兴义三中，生源基础非常差，别的学校不愿意招收的学生，只要愿意来，就可以到校就读。学校管理一片混乱，教育教学质量更是逐年下滑。研究者在网上找到一个帖子，描述当年兴义三中的"脏乱差"：①

脏：（1）校园脏：纸片、食品袋飞舞就像冬季的飞雪；（2）厕所脏：臭气冲天，烟头堆积；（3）学生脏话连篇。

乱：（1）行政管理乱；（2）账目管理乱；（3）领导教师拉帮结派；（4）部分领导思想迷信（2007 年学校教职工郭 XX、许 XX 非正常死亡，行政领导买黑狗来杀，用狗血洒遍校园每个角落来"消灾"，对兴义三中师生造成极大的恐慌）；（5）学生管理乱，学生打架斗殴现象司空见惯。

差：（1）高考成绩一落千丈，上二本线的寥寥无几（不足5%），还不如新办高中的乡镇学校好，连本校教师（含学校领导）都不愿意送子女来兴义三中就读；（2）学习风气差，学生打架斗殴，恋爱成风；（3）学校食堂伙食差，没有营养，学生和家长意见很大；（4）教学环境差，学生居住在阴冷、潮湿、黑暗的大棚里，夏天很热，蚊虫叮咬，没有浴室，全身散发臭气，冬天十分寒冷。

2014 年 3 月，兴义市实行集团化办学，兴义三中被划入兴义中学教育集团，成立兴义中学教育集团三中校区。作为集团总校副校长的 ZZX 校长被委派到兴义三中，全面主持学校的工作。ZZX 校长从树立教师信心入手，号召全校教师"做有尊严的教师"，重新调整了领导班子，确立"办适合师生发展，师生幸福的生态学校"的办学理念，以"强身健体、立德树人、服务社会"为办学宗旨，以"一流的管理、一流的服务、一流的质量、一流的文化"为办学目标，以"生态书香、幸福和谐"为办学特色。逐步培育出一支"有责任、有担当、有毅力、能吃苦、专业水平高"的教师团队。将学校打造成一所"师生发展，快乐幸福，家长放心，社会满意"人文素养厚重、特色鲜明的高级中学品牌。

学校坚持"阅香立品、求是力行"的校训，倡导"阅德思进、承古塑

---

① http：//tieba.baidu.com/p/1970416772？pid＝26123298064&cid＝26143389908#26143389908.

新"的校风，"阅智达人、琢玉成器"的教风，"阅博乐取、只争朝夕"的学风，培养"人格健全、素质全面、终身发展"的学生。

从明确办学理念和树立办学愿景出发，学校进行了多项改革：

（1）建立级部管理制度。学校成立了四个级部，高一两个级部（因为学生人数比较多，后来又调整为一个级部），高二、高三分别为一个级部。级部主任全面负责本年级的工作，从教师和班主任的聘任、学生和教师的管理、教育教学活动的开展，都由级部主任负责。级部主任由校长聘任，直接对校长负责，级部主任又可以聘任两个副主任协助本级部的全面工作。

（2）建立新的学术引领机构——教师专业委员会。这是一个非行政化的机构，教师专业委员会的主任，不列入行政岗，是校长直接聘任的，直接对校长负责。教师专业委员会的成员，主要来自各个教研组，是教学水平高、群众威信高、工作积极性高的教师，他们既是教师专业委员会的学术委员，又是各个教研组的组长，校长、业务副校长、教务主任、教科室主任也都是其中的成员。教师专业委员会的职责，主要是推动课堂改革，促进教师专业发展。

（3）大力加强校园基础设施建设。2014 年之前，学生只能住工棚，住宿条件十分恶劣。由于资金问题新建的学生宿舍楼和食堂，也处于停建状态。ZZX 校长找到建筑商，签订了"君子协议"，重新启动了楼房的建设，并且在 2014 年的 7 月份，学生宿舍楼交付使用；2015 年的 3 月份，学校新食堂交付使用，大大改善了住宿条件和饮食条件。在解决建设款项的过程中，也经历了挫折和磨难，经受了压力。

（4）大力引进人才，提高教师质量。这所学校原来有 90 多位教师，随着生源的增加，教师数量和质量都捉襟见肘。为了解决这个困难，学校从一些乡镇县区选拔了 10 多位业务精的教师，然后 ZZX 校长又亲自带队，跑到培养免费师范生的陕西师大、华中师大、东北师大引进免费师范生和研究生，2017 年就招聘了 40 多位青年教师，为学校的未来发展和师资储备打下了坚实的基础，为学校注入了新鲜的血液。

（5）加强校园的信息化建设。利用民盟北京的精准扶贫项目平台，免费引进了北京四中网校丰富的学习资源，为了对接这些资源，学校采用招标的方式，通过中国电信实现了硬件的千兆光纤进校园，学校安装了监控系统、音响系统、电子班牌、门禁系统以及全校的 wifi 覆盖。为了让北京四中网校的资源真正成为学生的学习资源，学校动员高一年级的学生和家长，每一个学生都购买了平板电脑，在课堂上，师生就可以同步利用网校海量的教学资源。

（6）大力推进课堂改革。从 2014 年 4 月至 2016 年 7 月，课堂改革经历了一个"自下而上"的过程。推进课堂改革作为教师专业委员会的主要职责，在专业委员会上，提出了根据学校实际，各学科组根据学科特点建立有本学科特色的课堂教学模式。通过一个学期的努力，九大学科全都论证通过了各自学科的教学模式。在各科课堂教学模式逐渐成熟的情况下，学校提出融汇各科特点，建立学校统一教学模式的目标。从 2016 年下半年开始，学校的课堂改革又经历"自上而下"的过程，学校统一制定了"三中五环"，即"目标导入环节—互动探究环节—分层展示环节—反馈点评环节—拓展巩固环节"，简称"导探展评固"的教学模式。为了推进课堂模式的落实，教师专业委员会建立了督导评价制度，在每周一的例会上，对听评课和课改的落实情况进行汇报和反馈。学校建立了模式教学改革的八大配套机制：专业观课机制，专业评课机制，督评考核机制，述职反思机制，学术讲座引领机制，学习小组支撑机制，例会汇报机制。

经过反复实践、修改所形成的"三中五环"教学模式，改变原有的"教师教，学生学"形态，变成以学生自主学习为主体，激发学生的学习原动力，让学生"动"起来、"思"起来。通过丰富多彩的文化活动，形成和谐的师生关系、昂扬向上的校风，营造了浓郁的课堂改革的文化氛围，丰富了学校文化建设，促进了学校全面健康的持续发展，提升了师生奋发向上的精神风貌。

改革五年来，学校实现了高质量的发展，单从高考成绩来看，在基础生源基本平衡的情况下，本科上线人数，从 2013 年 21 人到 2014 年的 44 人，2015 年的 52 人，2016 年的 141 人，2017 年的 281 人，2018 年的 350 人，几乎连年翻番。

三、研究内容

本书通过对课堂改革实践行动的案例研究和课堂改革理论研究的文献梳

理，构建中学课堂改革的机制理论模型，探索一条课堂改革的实践之路。经过几十年的教育改革的探索，我们逐步从课程改革迈向了课堂改革，可以说，教育改革的核心是课程改革，而课程改革的必然走向就是课堂改革，真正走向了课堂改革，才迈入了教育改革的攻坚阶段。

成功的课堂改革有什么规律性？当我们从课堂改革的外部环境、课堂改革的内部结构以及课堂改革的过程机制中去探寻时，令人惊喜地发现了课堂改革路径的规律性和内隐的机制。

本书的第一章绪论部分，主要阐述了研究的缘起、研究的问题以及研究的理论意义和实践意义，对核心概念进行界定，并从研究的理论基础、研究方法、案例选择和研究内容方面，设计了本书的技术路线。

第二章，基于学习共同体理论的课堂改革外部支撑机制的研究。本课题所界定的"外部"即课堂物理空间意义上的课堂之外，同时又控制在学校之内，是发生在学校范围之内的课堂改革的外部支撑机制。本部分从宏观层面结合案例着重从课堂改革的文化氛围、课堂改革的协作团队和课堂改革的会话机制等方面进行研究。

第三章，基于自组织理论的课堂改革的内部协同机制的研究，本部分对复杂性理论和复杂性管理、自组织理论和自组织团队进行理论研究，并结合案例从中观层面对作为自组织的课堂改革的内部协同机制当中的自组织力量和协同机制的多重效应进行剖析。

第四章，基于知识管理理论的课堂改革的过程转化机制的研究，本部分对知识管理理论的概念、流派以及知识管理理论在教育实践方面的运用进行研究，并且基于 SECI 知识创造模型，结合案例从微观角度、时间维度探讨课堂改革知识转化的过程。这个过程分为四个阶段，分别是体验共感、培训研讨、建章立制和超越创新，对应着 SECI 知识创造模型里面的共同化机制、表出化机制、联结化机制和内在化机制。

第五章，研究结论，对上述三章所探讨的课堂改革外部支撑机制、内部协同机制和过程转化机制进行系统分析和总结，并抽象出课堂改革的四大机制要素，即决策要素、传导要素、执行要素和干预要素。探讨三种机制与四大机制要素之间的逻辑关系和对课堂改革的意义。如图 1 - 3

```
┌──────────┐   ┌──────────┐   ┌──────────┐
│ 有意义差异 │◄─►│ 互动沟通  │◄─►│ 运行氛围  │
└──────────┘   └──────────┘   └──────────┘
```

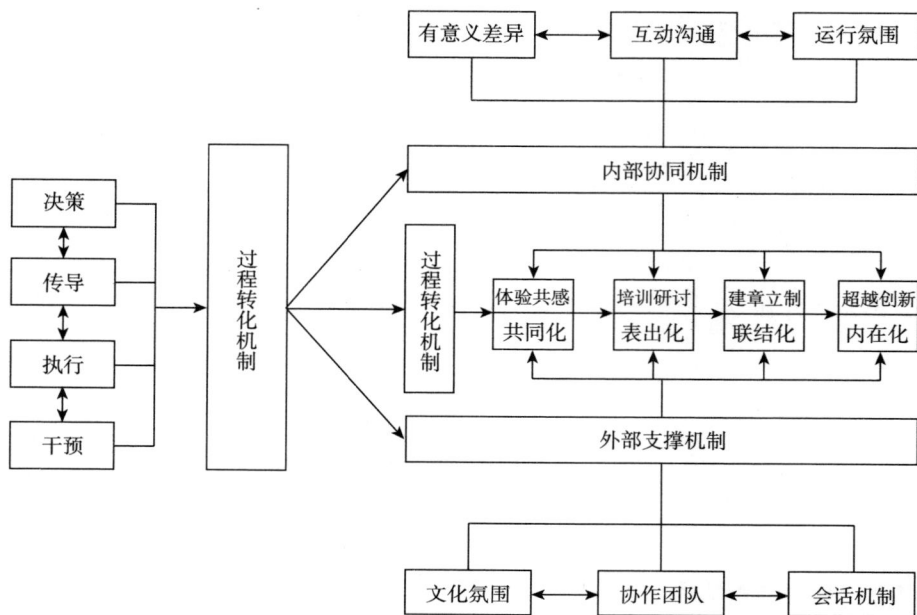

图 1 - 3　薄弱中学课堂改革的管理机制研究图

四、研究步骤

本书遵循"由案例研究构建理论"的策略。① 具体实施包括以下几个步骤：理清研究问题，明确研究问题，构建研究假设，设计研究思路，连接材料与理论假设，撰写研究报告。

（一）理清研究问题

研究问题来自于教育实践，需要聚焦，需要发现，理清研究问题的过程也是广泛阅读文献资料的过程。前人的已有研究给研究问题以丰富的学术视野和理论背景，也逐渐框定问题的边界。

（二）明确研究问题

真正的研究问题一定是对教育实践的回应，所以明确研究问题的过程，

---

① 李平，曹仰峰主编. 案例研究方法：理论与范例［M］. 北京：北京大学出版社，2012：5 - 12.

也是从文献研究中走向学校的课堂教学改革实践的过程。

（三）构建研究假设

通过广泛的阅读思考和深入的课堂改革的实践启迪，文献研究和案例考察的双重交汇，彼此连接，研究的理论假设逐渐浮现。唯此，也才奠定了命题的真正价值所在。

（四）设计研究思路

在确定了研究的问题之后，设计研究程序和步骤，列出收集案例资料与数据的详尽计划，深入两所案例学校，进行广泛的田野调查和全方位的数据收集，按照访谈计划对各类型代表人物进行深入的访谈，依据案例学校课堂教学改革重大事件发生的时间顺序描述案例，组织纵向数据，将资料大致归类，制作各类表格和图示，对访谈资料进行编码，抽绎本土概念。

（五）连接材料与理论假设

研究的最终目的是要"分析与解释、理解和描述"案例中表现出来的"现象"，达到斯塔克（Stake，R. E.，1980）所说的："事情是怎样的？为什么会有如此？人们对之有何感受？这些事物将可能成什么样？后来或在别的地方有何相似？"[①] 研究者连接案例资料和理论假设的过程，就是证明和分析、理解和描述的过程。

（六）撰写研究报告

在资料饱和（所谓资料饱和指的是，研究者所收集的资料已经非常丰富、全面，收集的资料可能出现重复的现象，已经没有新的资料出现)[②] 的前提下离开研究现场，停止增加案例，结束数据和理论假设的反复比较，开始撰写研究报告。

---

① ［瑞典］胡森等主编，张斌贤等译．教育大百科全书（教育方法论卷）［M］．重庆：西南师范大学出版社，2000：255.
② 陈向明著．质的研究方法与社会科学研究［M］．北京：科学教育出版社，2000：439.

```
                    ┌─────────────────────────┐
                    │    中学课堂改革的机制研究    │
                    └─────────────────────────┘
                                 │
   ┌──────────┐                  ▼              ┌──────────┐
   │  文献分析  │ ──────────────────────────▶   │  理清问题  │
   └──────────┘                  │              └──────────┘
                                 │
   ┌──────────┐                  ▼              ┌──────────┐
   │  学校考察  │ ──────────────────────────▶   │  明确问题  │
   └──────────┘                  │              └──────────┘
                                 │
   ┌──────────┐                  ▼              ┌────────────┐
   │ 选择案例学校 │ ────────────────────────▶   │  建构理论假设  │
   └──────────┘                  │              └────────────┘
                                 ▼
                    ┌─────────────────────────┐
                    │   设计研究的思路、方法     │
                    └─────────────────────────┘
```

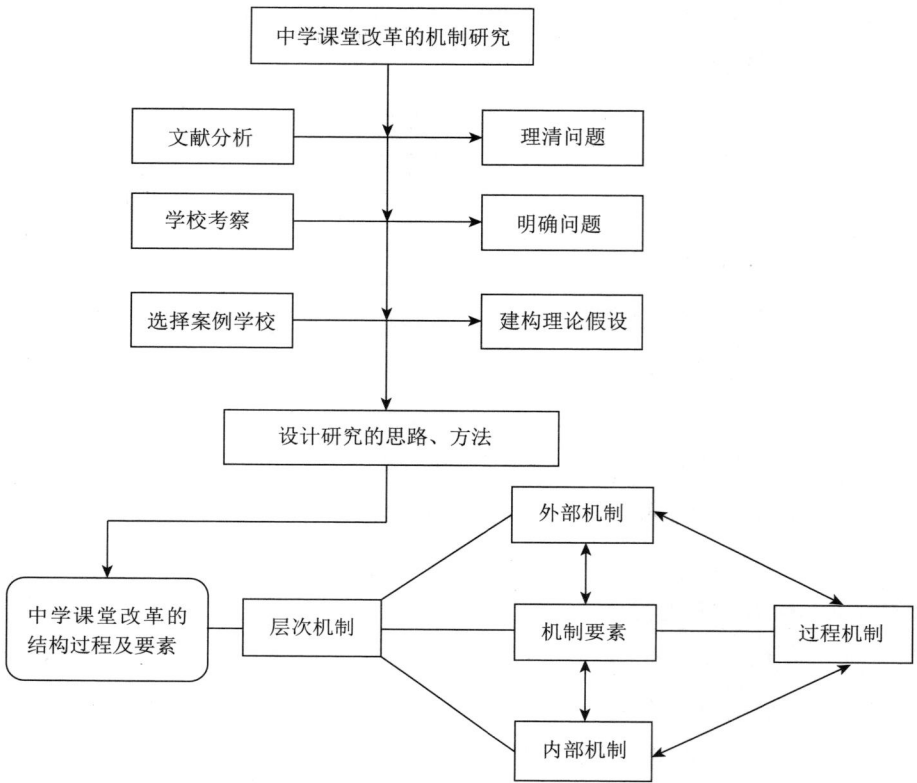

图 1 – 4　研究的技术路线图

第二章　课堂改革的外部支撑机制

第一节　学习共同体理论探究

一、学习共同体概念辨析

社会学者普遍认为，"共同体"概念首次出现在人类社会学家滕尼斯（Ferdinad Tonnies）1887 年的著作《Gemeinschaft und Gesellschaft》一书中。德文"Gemeinschaft"的含义是礼俗社群；德文"Gesellschaft"意思是法理社会，涵盖所有基于法理社会协作关系的有机组织形式。"Gemeinschaft"这一概念在滕尼斯那里，意在突出紧密的人际关系、共同的思想意识及对"Gemeinschaft"的认同感和归属感。[①]

博耶尔（Boyer）考察了美国的一些基础学校，1995 年撰文《基础学校：学习的共同体》（The basic school：a community of learning），文中首次提出了"学习共同体"的概念：学习共同体是这样一个组织，组织中所有人拥有共同的使命和共同的愿景，并为此而一起学习，在教育的旗帜下共同分享、相互作用、共同参与，共同寻找通往愿景之路的旅程，共同寻找完成使命的运作方式。[②] 随着知识经济的快速发展，科学技术的深刻变革，教育改革的不断推进，学习共同体理论已经越来越受到教育界研究者的关注。

很多人将学习共同体与彼得·圣吉《第五项修炼》中提到的"学习型组织"混为一谈。赵建博士仔细梳理了各自概念的内涵，指出了二者的不

---

① 蒋泽标 . 学习共同体的基本问题［EB/OL］. http：//www.etc.edu.cn/blog/jiangzebiao/archives/
② 安富海 . 课堂——作为学习共同体的内涵及特点［J］. 江西教育科研，2007（10）.

同之处：

（1）"学习型组织"关注一个组织的学习，采用系统思考方式，要求组织成员了解自主发展变革的系统原因。学习共同体关注学习者个体通过意义协商和身份建构，逐渐从新手成长为熟手的成长过程，在这一过程中，共同体也逐渐成熟。——着眼点是"组织"还是"个人"。

（2）"学习型组织"基于"系统思考"，聚焦于过去的行为，整体看待过去的历史经验以及当前的行为；学习共同体也重视历史经验，但是研究的视觉在当下的行动，历史和经验是进行当下意义协商和身份构建的支持资源。——如何看待历史经验。

（3）"学习型组织"所指的组织变革，发生在正式组织框架内。"学习型组织"理论没有对组织的结构进行直接的规定，强调改变的是组织的思考方式，组织结构样态及相关的制度安排是一个默认值；而学习共同体，更多的是指学习的非正式的社会情境。——是否正式组织。

放在制度环境的视域中，"学习型组织"和学习共同体是一对平行的概念，这一对概念的基本不同在于，是由正式规则所驱动的正式组织，还是由文化习俗所驱动的非正式协作团队。①

"学习共同体"概念的内涵界定与外延辨析，一般基于对"学习"与"共同体"概念及其关系的不同理解。研究者对于"学习共同体"的界定和描述很丰富，属于这个概念中本质属性的"共同参与""一致目标""资源共享"和"身份共识"等特征，受到大家的一致关注，并且形成了学者们有较多同类项的观点：

学习共同体是指由学习者（主要指学生）和助学者（主要指教育管理者、教育专家、广大教师、家长和其他教育教学相关人员等）共同构成的以完成共同的学习任务为使命的学习组织，通过成员之间的相互沟通、深入交流、广泛分享、互相促进而达成团队成员全面成长的学习团体。②

当然，也有学者对此持有不同的见解，郑葳、李芒认为，国内外的学习共同体研究，还是较多地集中于"情境化学习环境"，并未触及"学习共同

---

① 赵建. 学习共同体——关于学习的社会文化分析 [D]. 上海：华东师范大学，2005.
② 伏荣超. 学习共同体理论及其对教育的启示 [J]. 教育探索，2010（7）：6–8.

体"的真正实质。学者们很容易把"学习共同体"看作是一个由学习者（学生）、助学者（教育管理者、教学实施者和家长等）构成的功利性很强的团体。但这样的团体其实更像是一个学习者的临时组合，其内在缺少一种"灵魂"。这个灵魂就是拥有共同体愿景的学习文化。[①]

二、学习共同体的理论溯源

一般认为，协作系统论、生态学理论和建构主义理论是学习共同体理论产生的理论基础。

协作系统论。早在 20 世纪 50 年代中期，切斯特·巴纳德（Chester Irving Barnard）从行为科学的视角提出了"协作系统"这一概念。他通过对组织内涵的深刻分析，发现人的行为才是构成组织的实质要素，然后他将这一实质抽象出来，认为一个组织之所以能够运转，是因为组织中的人的行为都是有意识调整了的，这种有意识调整的行为，构成了各种力量的集合系统，这种行为有意识调整的力量来自于共同的目的、相互协作的愿望和追求信息共享的需要。由此看来，学校就是一个有意识调整了的"协作系统"，它是由物质环境、组织构架、人员组合和社会系统组成的一个"协作系统"。

就教育而言，物质环境是指校园建设、教育教学设备、学习资料等手段和工具系统；组织构架是指学校的管理架构，也就是调整了的、合乎目的的人的行为系统，是协作系统的干预因素；人员组合是指教育教学所涉及的管理人员、教学人员、后勤服务人员等的各类团队；社会系统是指学校与学校之外其他社会组织交换效用的系统，即经营系统、协调系统和营销系统。

生态学理论。生态学是将整个社会作为一个功能齐全的生态系统进行研究的科学。生态学认为，生物界是一个相互联系、相互影响、彼此制约的网络系统，社会生态学据此认为，社会系统的各方面因素，都不是彼此割裂独立存在的，而是处在一个联系紧密、互相制约、彼此影响的网络之中。人的生存和发展是个体系统、周围外部环境系统和社会系统相互作用相互影响的结果，不同的个体、家庭、学校、社区和整个社会组织都是层级不同的生态

---

① 郑葳，李芒. 学习共同体及其生成 [J]. 全球教育展望，2007（4）：57 – 62.

系统，个体与个体之间、个体与群体之间、个体群体与环境之间、社会生态系统与自然生态系统之间，在不同的时期和不同的阶段发生相互的影响和作用。生态学理论为从宏观上理解学校学习共同体提供了一个逻辑起点。

建构主义理论。建构主义认为，知识的获得不是纯粹的灌输、机械的接受和刻板的复制的过程，而是学习者根据自身的储备和原有认知，积极地将新信息与已有经验进行关联和主动建构的过程。知识建构的价值在于这是一种有意义的学习，是学习者思维深度和广度向更高阶发展的有效途径。学习者的知识建构离不开有效的内外部支持条件，即多元互动、高效通畅的学习环境。学习环境由关联情境、协作机制、会话协商和意义建构四要素构成，其中，关联情境是意义建构的基本条件，协作机制与会话协商是意义建构的运行过程，意义建构则是建构主义学习的最终目的。建构主义学习的最显著的教学策略是：始终以学习者为中心，最大限度地促进学习者与关联情境的交互作用，实现主动学习，积极建构意义。

佐藤学把创建"学习共同体"作为学校改革的发展方向，这种改革价值取向的哲学原理包括三个方面："公共性""民主性"和"卓越性"。

"公共性"揭示，学校作为公共空间，是由各种各样的人共同完成协同学习任务的，是为了实现所有儿童的学习权、建设民主主义社会的公众使命而组织起来的。

"民主性"意味着杜威（J. Dewey）所说的"各种各样的人协同的生存方式"（a way of associated living）。在这种学校里，作为学习者个体的每一个学生和作为学习辅助者个体的教师，包括学校管理者和家长都是"主角"；大家彼此尊重每一个个体的学习权，各种各样的思考方式与独具特色的合法的生活方式都应该受到尊重。学校必须成为个性得到张扬、个性共同交响的场所。

"卓越性"，是每一所学校必须追求的内在价值体现和办学境界。这种追求具体体现在教师的"教"上，更体现在学生的"学"上，两者都必须是卓越的。这里的卓越性不是拿来比较的概念，而是指在现有的条件下，无论环境何等恶劣，都能够充分挖掘自身潜力，各尽所能追求最高境界。创造性、艺术性地开展教和学的实践活动，不断地追求教育教学的"卓越性"的至高境界，不断收获丰硕的教育成果和由此得来的快乐。

佐藤学认为，上述三个方面，构成了创建学习共同体的哲学基础。

"公共性"原理要求，不要封闭自我，要用开放的心态向他人敞开心胸，真诚倾听他人的观点，这是现代社会必备的宽容和尊重多样性的精神。

"民主性"原理要求，学习者和学习辅助者不分高低尊卑，大家彼此平等，每一个人都是学校主角，在不同的位置上实现各自的诉求，达成各自的愿望，承担各自的责任。

"卓越性"原理要求，追求教和学两个方面的至高境界，对学生而言，是冲刺新高度与挑战新问题的学习；对教师而言，是秉持"卓越性"价值观高举三面旗帜：尊重每一个学生的人格尊严，尊重每一部教材的内在发展性，尊重自己的一以贯之的教育哲学。[①]

就学校的学习共同体而言，协作系统论强调了学校发展的方向性，共同的愿景是协作的基础；生态学理论强调了互相联系的力量，只有通过相互联系相互制约才能形成一个协作的动态网络；建构主义理论则强调了知识学习的建构性，通过与组织情境的交互作用从而建构意义，构成了"学习共同体"的运行方式。

佐藤学则从学校发展和人的发展角度表达了"学习共同体"的价值追求：民主性支撑着公共性的达成，而民主主义精神和公共性追求又共同保障着卓越性的实现。就卓越性而言，没有学校办学理念的卓越性追求和期待，以及学校整体卓越文化的营造，难有教师群体整体卓越性的课堂体现，也难有学生"冲刺和挑战的权利"的实现。这是学习共同体实现学校发展和人的发展的内在逻辑。

第二节　基于学习共同体的课堂改革外部支撑机制

一、营造基于学习共同体的课堂改革文化氛围

教室是学校最关键的场所，课堂是学校最典型的部位，课堂教学是学校最核心的教育教学活动，课堂改革是学校变革中最复杂、最艰难的行动。课

---

① ［日］佐藤学. 学校的挑战：创建学习共同体［M］上海：华东师范大学出版社. 2010：2－3.

堂改革的顺利启动、不断推进、持续深化，需要学校作为学习共同体的浓郁学习文化的支撑、浸润和濡养。实地考察和深入访谈，发现案例学校的课堂改革的文化氛围具有如下文化共性：

（一）重塑学校愿景

2014 年 3 月 5 日，ZZX 校长到兴义三中走马上任。他面临的这所学校条件简陋，只有两栋教学楼、一个体育馆、一个小礼堂、一个破旧的办公楼，没有学生宿舍，学生住在简易的棚户一样的工棚里。学校的教育教学质量滑到了低谷。入学没有门槛，只要你爱读，就可以随便来。每年的本科上线率，500 多名学生，升上本科以上人数大概就是 20 多个，有时候甚至 10 多人。升学率在全市是排在最后的。面对这样一个烂摊子，ZZX 校长从重塑学校愿景开始了各项改革。

为了重塑教师信心，我们做了很多的事情，比如说，提出了自己的核心办学理念："做有尊严的教师"。怎样去提升在教育江湖的地位，不是说我们只是一个职业，我们这辈子一直从事这样一个职业，但是我们自己在教育江湖中搞得这么悲催，不是我们想要的。我们要通过自己的不懈努力改变这个现状，做有尊严的教师，这是一个方面。再就是提出我们的生态教育理念，老师之间的和谐、师生之间的和谐、生生之间的和谐，还有学校与周边环境的和谐。同时也提出了我们的办学目标，当时我就说过，我们争取 3 年的时间，让我们的升学率提高 10 倍，但结果我们提高了 12.2 倍，这一点实现了。从教学的核心思想、办学理念、愿景等这些作为内在的一种启动，把它调动起来。【访谈兴义三中 ZZX 校长　2018 年 1 月 21 日】

这种愿景一旦树立，就成为学校上下内在的精神动力。原来人们不是不愿意改革，而是苦于没有激动人心的目标，没有令人向往的愿景的激励。在愿景蓝图的激励下，学校的各项改革开始逐步启动。

另一所案例校昌平 ZT 中学，在 MF 校长就任的 2012 年，也是一所薄弱校。这是一所城乡接合部的初中校，由于周边两大著名小区的建设，政府又开设了两所新初中，造成了这所学校教师和学生的双重流失。为了把这所薄弱校变成优质校，MF 校长也在苦苦思索，怎样利用一切可以利用的内部和外部的资源，让这所学校的教师、学生成长起来，并且使人际关系和谐？他认为：

学校要发展起来，要优质，前提是让教师和学生优质。那么让教师优质，你就得想办法让教师做一些事情。在做事的过程当中培养他、提升他，就是这样的一个思路。办学目标有了，涉及教师的发展愿景，或者教师培养的一个目标，然后还有学生的培养目标，就是那八个字，"阳光做人，自信做事"，这句话出自孙喜亭《教育原理》。

他（孙喜亭）有一句话让我印象太深了，他说，学生到学校，是求学来的，学什么呢？学知识，学做人，然后还要教给学生求知和修养的方法。当时印象特别深刻，他讲的好多东西都忘了，但这句话记住了。来到这个学校以后，考虑学生发展目标，很清晰地想起了孙喜亭的"阳光做人，自信做事"，我们对它有一个自洽的解读，在学生方面，把这个定下来了，作为学生发展目标，然后用这个目标引领学生去发展，你要想让人行动起来，就一定要找到目标，没有目标的行动，那就无序了。

然后教师这方面就是"用心工作，舒心工作"。这个"用心工作"，我们的解读就是要敬业、精业，"舒心工作"就是要乐业，敬业的关键就是师德的核心：爱与责任。精业就是教育教学行为要精益求精，它的关键词叫科学智慧，那么敬业和精业，用一句话把它们串起来，就是"要把爱与责任转化为科学智慧的育人行为"。这是对"用心工作"的理解，那么"舒心工作"就是按照这个思路要乐业，就是乐于和谐合作，以积极进取的态度对待工作，并且乐在其中，这就是教师的发展愿景。【访谈 ZT 中学 MF 校长 2018 年 1 月 26 日】

这两所学校为了实现所营造的"愿景文化"，因地制宜，充分考虑了学校的历史、现状和发展要求，一旦提出，就成为师生们的精神追求。

（二）营造浓郁的团队学习氛围

重塑学校愿景的学校，就会唤起再造学校的强大动力。学校改革意味着对改革共识力的凝聚、对改革学习力的召唤，意味着改革意识的提高，意味着改革视野的开阔，也意味着适应改革进程的更强大的团体学习能力的提高。学校浓郁的团队学习氛围的营造，绝不是自然而然形成的，而是要通过制定具体可行的实施路径，辅之以及时跟进的激励和评价制度。鼓励教师个体性的进修提高，更倡导教师的团队学习，让教师的团队学习成为学校的一种文化和氛围。

这种文化氛围的形成，校长的行为表率作用十分关键，校长不仅是团体学习的积极参与者，更是团体学习的倡导者和首席践行者，通过亲身参与，用行动感召教师的学习，唤醒教师的参与意识，同步学习，同进共退。如果校长能和教师一起形成共同质疑、合作对话、分享决策的氛围，日久天长形成一种管理习惯和学校文化，那么教师潜在的参与团队学习的积极性就会被激发出来。

在学习共同体中畅通的信息交换、深入的广泛交流和讨论成为教师们成长的方式，他们借团体之力，不断克服学习的困难和障碍，为学习共同体的营造贡献力量，实现个体的成长，享受共同成长的快乐。

在北京的 MF 校长看来，课堂改革的进程也是"走出去"和"请进来"的过程，"走出去"向课改名校学习，增加实践经验，"请进来"各类专家示范课堂模式，进行理念的更新；然后在发展的进程中，也会有"走出去"传授课改经验的邀请，和"走进来"兄弟学校加强课改交流的场合。课堂改革的推进，进一步加强了理论学习的内在需求。

MF 校长：在做这个事的过程当中，为什么我们能把疑探教学引进来，我们的老师就去看课、听课，回来上展示课。疑探教学不是看师傅操练，教给你，你就能会的，你得有这方面文化的积淀。那么疑探教学到底是怎么回事？我们就从网上找了很多成果性的东西，把这些东西整理出来发给老师。他们的一些教案，现在看来非常粗糙，根本是看不上眼的东西，但当时我们当作宝贝，印出来发给老师去学习。2013 年的暑假，我们说下学期要做疑探教学了，那么整理了一个疑探教学的学习资料发给老师，然后大家共同学习。从 2013 年 7 月份开始，到这个学期，我们已经印了十本了。每学期寒暑假，给老师发一本学习材料，至今坚持，每年两本。每年的寒暑假，内容实际上就是《中国教育报》《人民教育》，还有《中小学管理》上的一些文章。

访谈者：这些精选的资料都是一些什么主题呢？

MF 校长：它里边有一些改革学校的成功经验，学习方式的转变、核心素养目标的落地，这些非常前沿的东西。老师看这些文章，然后能够结合我的教学实际，然后再看我在做的东西，到底有没有道理，有没有价值？比如说，这个新课改的核心，以人为本，为什么要以人为本？学校的逻辑基点是学生和学习，凭什么？怎么来的？再比如说自主学习、合作学习、探究学习，要成为学生学习的主要方式，这也是这次课改的一个非常显著的特征。那么这些东西，不能老从校长嘴里说出来，不能以一个传道者来说，得借助别人的嘴说。大家的这些文章，可能把这些说得更透。把你不便说的，换一种方式。外来的和尚好念经，这也是外来的和尚。都是一些大和尚，所以这个东西我们一直坚持。

访谈者：这五年一直坚持已经积累到十大本的材料，怎么使用的呢？

MF 校长：开始也没人看。每个后边有一个学习感悟，千字文，让老师去写。最后一页的学习感悟，要交上来。而且这些材料，要求老师在上面圈点勾画，然后我们来查，老师写的一些好的反思要分享。老师开始写的这个东西没有几篇可入眼的。第一次发给老师，就看到写的那么回事的，只有两三个老师，然后就跟 LJL（访谈者注：教务主任）说，培训的时候让老师分享，把这种感悟谈出来。学习感悟也是对大家的一个引领。第二次五六个老师写得不错，然后到现在就是个别老师写的不行，其他人都能写出深度来。然后我说能感觉到老师的成长和进步。刚开始应付，后来我们再看那些平时不太用心的老师，他都开始圈点勾画了，拿起来一抖就知道他读没读过，没读是一个整的，读完以后是散的，最后看老师的学习感悟，收上来，我看，我们的教学主任看，我们的副校长看，看完以后大家说，哪几个好，圈出来好分享。我们大概这样分享了三年。【访谈 ZT 中学 MF 校长　2018 年 1 月 26 日】

这种学习体现了团队共同学习的过程。因为来自课堂改革实践的内在需求，加上学校领导班子的积极参与、强力引导和监督，效果就很明显。访谈中，研究者接触到了副校长、教务主任和诸多的教师，他们的语言表达能力和言谈举止当中隐含的教育理论的涵养，都令人刮目相看。ZT 中学还有一个不成文的规定，就是无论在校内培训、汇报还是外出做报告，都要脱稿讲话。

脱稿证明了老师讲这个东西是内化了的，哪怕背下来，然后再说出来也是。这个比照稿念要强得多，它有真实性，照稿念东西不见得是你写的，不一定是哪来的。我们一开始就是做这个事，从我带头，我每次说计划说总结或者是人前人后说话，都是不拿稿、不拿本的，我的述职报告也是，述职30 分钟也好，40 分钟也好，20 分钟也好，我就是这样的说。大家都这么做，我说我能做到，那老师也应该做到，要不然你就别上来展示，不给你搭这个平台。现在我们的老师基本上一站就说，这挺好。这也是一种有意识的训练，它是一种能力，能力要反复练，成为我们的一种学校文化。【访谈 ZT 中学 MF 校长　2018 年 1 月 26 日】

两所案例校的团队学习氛围，为教师队伍改革能力的不断提高提供了源源不断的知识养料和精神动力。在学习的深度和机制上，访谈中感觉到 ZT 中学发生得更加深刻，从教师反思文章中的闪光的教育识见和对改革问题的独特阐发，都能感受到在一个学习共同体中成长的惊人速度和集体濡染的内在力量。

（三）"课堂改革"成为学校文化热点

这种"课堂改革的文化"也是一种为了适应课改的"共同体学习文化"。这种共同体学习文化的组织形式是团体学习，学习的内容是持续课改的技术和改进措施，让课堂更能承载新课程改革的理念是共同学习的价值追求。这种学校课改文化体现在以下几个方面：

（1）高扬课改的价值追求。无论管理者还是一线教师，都能够深刻地认识到，课改不只是整个教育观念的改变，更要体现在课堂教和学的行为的变化上，并且自觉践行这种新的理念。

（2）切实关注课改的实际需要。课堂改革本身是一项复杂性的活动，而从事课堂改革的教职员工又由不同文化背景的成员组成，这种双重复杂的组合就会产生类别不同、层次各异的实际需要，改革的领导者要深入实际，准确分析判断，及时把握改革的进程，切实满足各种不同的学习需求。

（3）倡导崇尚课改的文化氛围。要顺利推行课堂改革，必须着力营造容纳开放的课堂改革的文化氛围，塑造支持信任的合作精神，让课堂改革的话语成为学校的主导舆论。创设团结互助、共同改革的学校环境，日久天长沉淀崇尚课堂改革的学校文化。

一所处于改革初期的学校，要让学校充满课改文化，让追求课改成为学校主流话语体系，需要用心营造，需要用智慧的策略去开展。兴义三中的课改文化的营造，走了这样的三步：

第一步，摸准校情寻找突破口

课堂改革，还有教育质量的提升，肯定是学校的生命线。我来了以后，开始什么也不说，然后去听了一些老师的课。第一时间了解老师，就发现我们的学生底子比较差，而老师的课基本上都是传统的，而且很沉闷。学生爱听不听，当时也是这样一种传统。反正学校定位就是维持，不要出安全事故，每年的工资奖金该发的照发，到位就 ok，不要出什么事就可以。你要笼统地给老师讲什么新课改的思想理念怎么改进，全部是废话。一定要把它变成一种可操作的规则或者守则流程等之类的东西。发现这个问题，我就想了一招，我们开始只要求课堂活跃起来，学生不要睡觉，课堂上要"河翻水涨"。【访谈兴义三中 ZZX 校长　2018 年 1 月 21 日】

兴义三中课堂改革的突破口就选择了让学生不要在课堂睡觉，让课堂"河翻水涨"。

第二步，利用关键事件聚焦问题

如果我把这些老师带到课改进展比较好的学校去看，这些老师肯定会说，人家的学生比我们的学生优秀，所以人家可以调动起来，我们调动不起来，推得一干二净。好，那么我就到比较好的兴义中学，组织六个老师过来，在六个学科中，以教研组为单位，让我们的老师上一节，他们上一节，进行同课异构。让我们老师先上，按你们原来的方法来上。他们老师再来上，请来的老师分担这个任务肯定有个技巧，我找的肯定是课改精神最棒的老师。

大概我就任两个月的时候，我 4 月份来的，也就是 6 月份的时候，高考刚结束，高一高二的学生还在校，我找了他们老师来同课异构。课后开始讨论，我们学校的一位老教师说，我们上课气氛虽然不怎么样，但是我们完全按照高考的标准来上，他们这个课堂的气氛非常好，但是讲得太浅了，应对高考，这样肯定是不行的。如果是这样上的话，是要热闹呢，还是要高考的质量呢？我觉得可能还是应该要高考质量，所以我们还是应该把这个课上得传统一点，这很管用！

我等待的时机到来了，就找他下手，当时我用一句话把他呛回去，我说，你不要和我谈高考，最没有资格谈高考的就是我们三中的教师。咱们高考搞了这么多年，高考成绩在哪里？连一个高考的成绩都没有的学校，谈什么高考。现在三中不要谈高考，谈什么，谈课改。我们全体教师先把课堂调动起来，让学生喜欢你的课，至于高考的事情啊，先不去考虑。

趁热打铁，下次教职工大会上，我就把整个活动讲了，都在问我们三中为什么发展不起来，老师们一直怪生源差，就好比一个厨师总是怪食材不好。你总觉得别人的食材好，所以别人能够做高档次的。那么今天同样的学生，人家来上课，学生搞得生机勃勃的，课堂气氛这么活跃。咱们自己的学生，自己玩不转，人家一玩就玩转是什么问题，肯定是我们的课堂出了问题。【访谈兴义三中 ZZX 校长　2018 年 1 月 21 日】

第三步，启动课堂改革进行路径规划

我们的课堂下一步怎么办？第一，成立专业机构。第二，专业机构成立以后，我们制定一整套可操作的细则。第三，我们的老师就按照细则来做，但是有一个核心思想，不管你这节课讲什么，一定要让学生喜欢你这个老师。对你这堂课感兴趣，不打瞌睡。这该是一个最低标准吧。

当时，我们学校有九个模式，每个学科都有一个模式，模式论证之后，学校就下一个文件，确定这个学科就用这个模式，就用这个模式来对你进行检查。这样来做，第一，每学科都有要学习掌握的东西。第二，每学科有自己的东西。第三，这个东西毕竟是自己的孩子。我当时给 CFC 主任说，我说你抱一个别人家的孩子，他可能当球踢，而且他觉得这孩子不乖。现在让他自己生一个孩子。他自己的孩子，自己知道疼爱，这个东西是自己做的。我就按照这个标准来考核。

最后，最起码是动起来了，在做了一年以后我们又自上而下，经过论证，搞出了集思广益的学校统一的"三中五环"模式。这个课堂改革的文化氛围就日益浓厚起来。【访谈兴义三中 ZZX 校长　2018 年 1 月 21 日】

在访谈兴义三中教师的时候，明显感受到他们对这种课堂改革文化的认同，课堂改革已经成为他们的话语体系，学校例会研究课改，备课组集体备课讨论课改，课改工作成为学校工作的一条主线。

我们三中的发展必须走课改这条路！我们学校已经看准了，现在这个成果已经证明了，这是第一点。第二点是我们三中现在在黔西南州走在前列，我们的课改是第一个，我们是第一所进行课改的学校。我们三中专业委员会的成立是我们黔西南州第一个成立的这样的专门部门。年前，我们课改的提倡和走的路子，跟教育部长陈宝生提出的"课堂革命"不谋而合，而且是惊人地相似。当时一学习陈部长的"课堂革命"文件的时候，很多老师就说，我们怎么会想到那个部长前面去了，我们信心更足了。就说明我们走的路是对的，所以现在大家都比较有信心，要继续走下去！【访谈兴义三中教师专业委员会 CFC 主任　2018 年 1 月 18 日】

二、建立基于学习共同体的课堂改革协作团队

(一) 赋权教师，建立课堂改革协作团队

课堂改革协作团队的建立不是自发的，需要学校的赋权。学校要努力践行学习共同体哲学。描绘了通过课堂改革而提升学校的发展愿景，就需要用行动逻辑来达成，没有行动的理念只能是纸上谈兵。而教师共同体的组建，使教师之间的相互沟通更加畅通，对彼此提高专业技能的影响更加快捷，也使课改文化的形成具备了团队基础。

不断提高教育教学质量、不断提升课堂改革的专业技能、不断加强同事之间的合作能力，是组建教师协作团队的目的。协作团队，不仅仅指形式上的共同工作，更强调彼此之间的相互奉献智慧、承担义务、取长补短、共同提高。当大家建立了荣辱与共、休戚相关的伙伴关系的时候，教师共同体的理想状态就出现了。为此，学校领导者应大力倡导教师具备"同事性""伙伴式"的合作小组的建立。

1. 兴义三中的"教师专业委员会"

兴义三中为进行课堂改革专门成立了一个教师学习共同体组织——教师专业委员会：

访谈者：这个"教师专业委员会"是怎么建立起来的？

ZFC 主任：校长开大会宣布要成立"教师专业委员会"，回来以后就召集人，就把我们专业委员会的架子搭起来。一个是先找我们学校的业务骨干，就是在教学上面是一把好手的。另外是资深的老师，还有学科带头人。我们就在这些人当中，认真挑选，组成了我们的教师专业委员会，由我来负责，职责明确，行政部门不能干预我们教师专业委员会。

我们不参与行政方面的那些行政事务，我专搞的就是课堂，如何教学，如何让学生有兴趣学习，如何弄它个河翻水涨的气氛，等等。我们就在专业委员会里明确了，先让这十大学科在自己的教研组来论证，每一个学科论证一个非常适合我们自己学校学生的课堂教学模式，要求就是要达到"河翻

水涨"，就是热闹，不死气沉沉。这样就弄起来了。

每个学科反复论证，弄起来就有十大学科十个模式了。这些模式就逐一拿来我们专委会办公室，来进行集体论证。感觉不合理的地方去调整，感觉可以的就用起来。经过了将近半年的论证，每一科都定了下来。论证了半年，一个一个地过。十大学科有十大模式，校长也参与。

访谈者：半年论证了有多少次？

ZFC 主任：每周五下午五点的例会就认证一次，每一周都有一次，整个学期，大概就是二十次。这里就有十大学科了，所以我们就以学校名义发文，以文件的形式，就像教师的前几条宣誓，各个学科已经呈报上来的自己学科的教学模式经过专业委员会的反复论证，通过决定进行试用，要求上课必须按照这个进行，不按照这个进行的绩效考核一票否决，课堂改革真正地推动起来了。【访谈兴义三中教师专业委员会 CFC 主任　2018 年 1 月 18 日】

兴义三中用"任务驱动"，专设了一个为课堂改革的教师学习共同体，这个共同体没有行政编制，行使"学术引领"的职责。一开始围绕"课堂改革"而工作，建立了每周的例会制度，这个例会，也成了学校的这批"学术精英"的"学术沙龙"。他们在例会上回顾本周课堂改革实践中的问题，研讨下一步继续推进的措施；审议课堂改革的文件，论证每一科课堂改革模式；有时共同学习理论文章，举办学校变革的读书沙龙和理论培训。这个"教师专业共同体"在引领、监督学校课堂改革中，作用非同小可。同时，作为一个"学习共同体"，对整体营造浓郁的学校"学习氛围"，也是一个创造。

2. ZT 中学的"导师团"

ZT 中学根据评选出的课改示范教师的个人特点和授课风格以及专业素养，成立了由若干位教师组成的"导师团"。这个"导师团"作为学校课堂改革的精英智囊团队，加强沟通，深入研究，不断提高对学校课堂改革的指导水平。同时，每一个成员根据自身的风格特点进行课堂改革的"小专题研究"，深入挖掘，形成小专题的微讲座。小专题研究以问题为导向，从教育教学实践中发现的问题或者自认为有价值的问题出发，分析问题，解决问题。

导师团的小专题研究，实现了从经验型老师到研究型老师的转变。以前，大家基本上靠经验，我就是这一天做了什么事，然后我做的过程当中怎么样就怎么样，做了就没了。但是通过小专题研究，尤其要给别的学校的老师讲，不仅讲我做了什么，还要讲在做的过程当中，我有什么样的思考，背后隐含着什么样的教育理念，也就实现了和教育理念的对接，这些老师在慢慢地往"研究型教师"这方面去走或者去思考。比如说 WGF 老师就是专门研究评价，于老师专门研究教学的备课，怎么去备课的。比如说 LYR 老师的课你应该听过，她分担任务就是小组的建设。【访谈 ZT 中学教务主任 LJL 2018 年 1 月 26 日】

在课改过程当中，你要找到四梁八柱，找到你的依靠力量。之后我们就组建这个专家团队，让这些专家团队发挥他们的力量，然后去对这个疑探教学进行解读、进行分割，给他们派任务。通过他们的协作和深入研究，为课堂改革不断提供智慧。【访谈 ZT 中学 MF 校长 2018 年 1 月 26 日】

导师团来自民间，具有非常丰富的实践经验，学校又赋予他们理论研究的责任，从实践到理论，又用理论指导实践。这样的研究有力地促进了教师的专业化成长。课堂改革让教师不再是"教书匠"，而是逐渐成为既有实践经验又有理论素养的"实践者、思考者、研究者"。

（二）校本研修和培训机制助力教师共同体

建立常态性的例会制度是保证共同体成员及时沟通、相互促进的稳定机制。常态的例会一定要建立所要讨论的专业问题的系列计划，或者是课堂改革的理念更新问题，或者是对教材、课程的实施以及具体变革问题，或者是课堂改革进程中的问题诊断和改进措施。按照差异性原则筹划参加例会的人员组成，吸纳邀请不同岗位上的人员，让学校管理者和一线教学人员以及校外教育专家坐在一起，平等交流，观念碰撞，智慧共享，确保课堂改革的路径更加科学和理性。常态例会的形态也可以多样化，比如可以共同观摩某一位教师的常态课堂，然后进行坦诚地诊断评估和分析，不回避问题，不隐瞒分歧，不吝啬赞赏，一切为构建课堂改革的理想样态而共同努力。面对复杂的课堂改革，只有融汇学习共同体的集体力量，聚集每位教师草根性的努力，才能形成学校课堂改革的大合唱，学校的改革才有可能成功。

1. 兴义三中的校本研修常态化

研究者到兴义三中，专门借阅了他们自 2014 年下半年以来的每学期一本的"教师专业委员会"例会记录，共九大本。下面完整摘录其中一次的例会记录：

兴义三中教师专业委员会会议记录（八）

时间：2016/10/24

主持：查XX

缺：罗XX、余XX

一、本周工作：

1. 继续学习培训，为十一月的课堂改革新课型验收作准备。

2. 打造各学科标兵作为课改课带头人，做示范课。

3. 加强对新进教师的帮、扶、带，使其尽快融入课改工作。

4. 继续讨论《学习小组建设》（草稿）。

5. 安排校内学术讲座，杨XX主讲。

6. 参与本周与X三中学的"同课异构"交流活动。

二、各学科汇报本学科培训和观摩情况：

化学（项XX）：10日学习培训，听了荣XX、张XX的课，小组建设也有作为，形成良好习惯。

生物（吴XX）："三中五环培训"中的问题，实施"五环"后的教学困惑，教学内容很难完成。

政治（孙XX）：听课，小组建设搭配不当问题。

历史（黄XX）："五环"深入教育过程，复习课是否也应有特点。

地理（骆XX）：重心在备课。

三、讨论：

1. 课堂如何转型？

2. 快乐学习，怎么"快乐"？

四、总结（X校长）：

1. 两年多的课改，取得了成就，但仍需努力。

2. 小组建设先建点，后覆面。

3. 校际交流的公开课要好好打磨，常态课也要好好打磨。

【摘自《兴义三中教师专业委员会例会记录 2016》】

从这份会议记录中，我们可以真实触摸到兴义三中课堂改革的脉搏。这样一个"学习共同体"，囊括了学校的主要领导、教务处主任、教科室主任、教师专业委员会主任、各学科组的组长，可谓是学校的"精英专家团队"。他们的中心议题始终在课堂改革上，让课堂改革成为学校的核心工作，并由这些专家扩散出去，形成了一种浓郁的学校课改文化。这个教师共同体从改革之初的 2013 年就已经形成，一直坚持每周例会，每周都进行课改研讨，校本研修常态化，成为学校最活跃的一个团队，充分保障了课堂改革的不断推进。

2. ZT 中学的校本培训常态化

ZT 中学的课堂改革从 2013 年 4 月起步，中间经历了决策阶段（2013 年 4 月）、学习准备阶段（2013 年 4 月—9 月）和全面实施阶段（2013 年 10 月以后）等三个阶段。从学习准备阶段开始，学校逐渐建立起营造舆论导向、培训提升、督导巡查和评价激励等各项机制。校本培训更是成为学校的常态化工作。

（1）2013 年 5 月 3 日"三疑三探"教学模式推介会，由教务处 LJL 主任对这种新的教学模式进行全面解读。

（2）5 月初，到西峡县考察学习归来的教研组长和全校教师交流学习心得，同时上观摩课。让全校教师对这种教学模式产生了具体的感触。

（3）5—6 月，教研组组织教师观看西峡的"三疑三探"模式课光盘并进行交流研讨。

（4）部分教师自主尝试"三疑三探"模式课，通过亲身实践逐渐进入课堂改革状态。

（5）理论学习：为解决教师思想在理念和实践层面的共识问题，学校精心编选课改资料印发给教师组织学习，并建立了学校领导批阅并推荐优秀读书心得的机制。[①]

……

这些培训紧密结合课堂改革的推进，紧扣实践中出现的问题，以本土专家为主，充分挖掘校内资源，既解决了问题，又提升了培训者的水平。很多学校在课堂改革过程中，只有启动阶段的通识培训，缺乏深化过程的跟进，不能及时解决过程中的问题，所以就产生了很多的遗留问题，成为课

---

① 杨文普，石雷，黄坚等．疑探教学推进策略［M］．长春：东北师范大学出版社，2016.

堂改革的隐患，逐渐积累，就出现了问题的拥堵现象，最终导致课堂改革的夭折。

无论是兴义三中的教师专业委员会体制的教师研修常态化，还是 ZT 中学的校本培训常态化，都及时解决了过程中的问题，确保了课堂改革的顺利进行。

（三）课堂改革协作团队中的关键人物

一所学校课堂改革的决策、启动、推进和深化过程的每一个阶段，都离不开校长。学校课改文化的营造、学校发展愿景的重塑、课改协作团队的组建、学校研修机制和培训制度的实行，校长是发起者，也是监督者。所以，毋庸置疑，任何一所学校的课堂改革团队中最关键的人物一定是校长。

除了校长之外，每所学校的课堂改革之所以能取得成功，是否还有"关键人物"？校长的最关键作用发生在改革的两头：决策和评价，那么改革的过程，或者叫"执行者"，一定也是课堂改革的"关键人物"。

在兴义三中，教师专业委员会的 ZFC 主任，是学校课堂改革的"执行者"：

ZZX 校长说，要进行课堂改革的话，必须要有一个专门的部门来承担。所以就决定成立一个教师专业委员会，就是我们这个部门。这是创新，在全县都是独创，因为它不列入行政部门当中的编制，跟行政不掺和，是独立的。他就跟我说，老兄，我们是多年的老同事，你来帮我弄这个事情。我当时已经是 32 年的教龄了，我说这把年纪了，让年轻人做吧。他说，不，我看中你，你来弄，你要帮我弄这个事情。那么一拍即合，我说，好，我就做了，试试看，没有人给我们引路，也没有什么参照，然后就是摸索吧，我们就来这么做，凭我过去几十年的教学经验来做。【访谈兴义三中教师专业委员会 CFC 主任 2018 年 1 月 18 日】

在兴义三中的实地考察中，研究者翻阅了学校教师专业委员会五年来的全部例会记录，从记录中发现，作为教师专业委员会的主任，ZFC 老师是每周例会的组织者，总结上一周的课堂改革工作情况，点出问题，提出改进建议，安排下一周课堂改革的重点工作，比如进行小组建设、课改标兵的评选、校内专家讲座的安排等，确保课堂改革的正常进行、不断深化。由于校长赋予了他"专业引领"的权力，他就把这个"权力"充分利用来促进课堂改革。他的措施非常严格，执行力非常强。

校长都被我罚款了。有一次，我们搞了一个十佳教师竞赛，安排校长来当评委，这事在会上通过了，而且布置下去了，他也没什么异议，也没提出来，马上就上阵了，他突然来不了了。校长的事情确实特别多，确实来不了，我说你怎么不早一点提出来。现在要临时安排，这一个钉子一个眼的，你来不了，就是给我们工作带来麻烦。还好我做什么事都有个预案，临时找人来补充。后来我们开反馈会议的时候，我就很严肃地批评他，我说你一校之长，你应该带头。安排你的工作，你如果不能来，你就提前跟组织者打招呼，只有一二十分钟了，我马上就要进场去进行评判了，你又来不了，给我打了个措手不及，还好有个预案，没有预案的话，这个事情弄砸了，那人家上课的老师就有意见，而且你给我们这些评委一个负面的印象，现在我就惩罚你，具体罚多少？按照规定罚 200 块钱。【访谈兴义三中教师专业委员会 CFC 主任　2018 年 1 月 18 日】

这是一个真实的故事，我们从中感受到非行政领导的教师专业委员会主任"学术权威"的力量，也可以看到校长的信任和以身作则，更能感受到全校上下在课堂改革问题上的"较真"。在 ZT 中学，访谈教务主任 LJL 老师的时候，笔者曾经问过这个问题：

访谈者：L 主任，在学校课堂改革的进程中，您个人起到了什么作用？

LJL 主任：我的作用就是执行，不折不扣地去执行。上边有什么样的要求，我尽量想办法，一个是能够把学校的理念给落实好，另外一个我总能够解决老师的实际当中的一些困惑。我最重要的作用就是，老师有难题了，我当救火队员能够帮大家去解决。谁有问题都交给我，我来给你解决。【访谈 ZT 中学教务主任 LJL　2018 年 1 月 26 日】

这种"不折不扣"去执行的精神是十分难得的，而且总能够帮助教师解决实践中的问题，自己一定是率先思考、研究、践行。总能救急，迅速解决问题，一定有创造性的思维在里面。这是一个校长代替不了的"独特角色"，在 ZT 中学的常态化各式各样的培训中，总能看到他的影子。

可见，课改的关键人物，除了校长把握方向，进行关键决策，还要有一个具体的操作者，一个教练的角色。需要具备的几点：1. 课改的绝对拥护者，非常理解课改的理念，懂得课改的路径。2. 权威人士，有理论水准，有执行力和推动力。3. 不怕得罪人，关键时候要能够出手。4. 意志力要强大，受得住嘲讽，耐得住失败。5. 具有高超的组织协调能力，以身作则，身先士卒，善解人意而又具有非常强的原则性。

三、建构基于学习共同体的课堂改革会话机制

没有有效的社会互动，就没有复杂社会关系的建立和产生。学习共同体更是因互动而建立，而学习共同体的活力四溢、健康成长仰赖于每位成员的意见交流的自由度、观念表达的开放度和融入团队的归属感。

团队成员可能是一个初学者或者新手，也可能是一个资深专家或者老手，他们都可以在团队协作中确认身份，找到位置，并逐渐从边缘迈入中心。因为工作流程的不同、分工方式的差异和相关规则的限定，每个人都可以凭借自己不同的身份和特定的角色，以及在发展过程中的不同阶段，采取最合适的方式融入课堂教学改革的活动当中去，从而形成具有丰富差异性、追求又有高度一致的学习共同体。

由于交往范围的普遍性和交流内容的无限性，使产生交互作用的共同体成员知识上得到丰富、思想上得到沟通、情感上得到完善。每一个封闭的个体都成为与周围人与周围世界建立广泛联系的、多元对话的受益者，成为积极参与、善于合作具有现代社会化意识的新一代公民。

从这里可以看到"学习共同体"这样一个复杂性的结构，因社会互动而具有自组织的功能，体现了共同体结构自组织变化的轨迹。

加拿大的迈克·富兰（Michael Fullan）是一位具有远见卓识的教育改革理论家，在总结大量学校改革成功的经验与失败的教训后，在系列课堂改革论著之一的《变革的力量：透视教育改革》一书中鲜明地提出，学校一定要致力于改革的行动，完成从"一所官僚主义的机构转变为一个兴旺发达的学习者的社区"的转变；学校是一个文化传播的机构，学校变革的动力是一种复杂的综合力量，包括校长的决策、教师的共识和行动以及校外相关力量的协作和联合，但改革最关键的是在学校这样一个学习机构当中要建立新型的团队学习的伙伴关系，这种伙伴关系要建立，再建立……①

---

① ［加］迈克尔·富兰著. 中央教育科学研究所，加拿大多伦多国际学院译. 变革的力量——透视教育改革［M］. 北京：教育科学出版社，2000：102.

（一）学校内部的对话：共识与激发

课堂改革的种子就埋藏在本校教师的心中，需要不断激发，直至达成高度共识。这个激发和达成共识的过程不是自然发生的，需要用心去引导，需要怀揣高度热情，投入情感，讲究艺术性。

行动必须得有学校当中的这样一支中坚力量能够响应，叫共识力，一个学校要改革，如果仅仅是上层的意识，比如说就我跟校长有这个认识，后边的推行肯定会遇到很多的阻力，尤其是老教师的阻力，那首先得让学校当中的中坚力量认识到这个课堂教学改革的意义。回来之后，我们首先从教研组长入手，因为教研组长在学科发展当中，有影响力和权威性。我们决定带教研组长去一趟，当时我带的是六个教研组长，第二次进入西峡第一高级中学，这次去西峡，是带着任务的，去的时候，就一块先在火车上聊聊，先打一个底。去西峡就聊了西峡的改变，生源的状况。跟老师们的最大共鸣，就是虽然这些老师们有教学当中的其他的一些情况，但是最重要的一个共同方向都是想把自己的学生教好，大家都有这样一种使命感和责任感。

当时在火车上就开始聊，就着花生米喝点小酒，大家的感情就碰在一块了，然后达成这样一个认识。咱们这次去是为了发现别人的优点。当然西峡可能跟北京的不一样，比如说它的卫生，它的其他方面，但是咱们不是去挑刺的，一定是抱着学习的态度。首先给调研组长铺了这样一个底，别去了就挑人家这不行那不行。【访谈 ZT 中学教务主任 LJL　2018 年 1 月 26 日】

坐火车挺远的，需要 19 个小时，这时候跟他们聊，去西峡别看他们负面的东西，我第一次去的时候知道西峡有负面的东西，作为学校的骨干第一次派出来的老师，代表学校的精英骨干，毕竟是教研组长，都知道自己身负着什么样的责任，我们最重要的是借鉴他们的长处。所以前期就跟教研组长铺垫了。到了西峡之后，这些教研组长首先关注的是正面的东西，在火车上已经布置了任务，回来之后必须要上一节，必须跟老师们阐明什么是三疑三探，三疑三探课程当中的教师活动和学生活动。所以，氛围很重要，有些骨干的作用一定要发挥出来，作为一个行政领导者，个人的力量是比较有限的，发挥更多团队的力量去进行，充分的对话能够激发出这种力量。老师在这个过程当中，不断地通过讨论、碰撞，达成共识。【访谈 ZT 中学教务主任 LJL　2017 年 11 月 20 日】

兴义三中的课堂改革的文化氛围营造、改革行动的启动，经历了一个自下而上、自上而下的过程，这两个过程都是学校内部充分对话、达成共识的行动。

自下而上确立十大学科模式：

我们在专业委员会就明确了，先让这十大学科在自己的教研组来论证，一个非常适合我们自己学校学生的课堂教学模式。要求就是要达到"河翻水涨"，就是热闹起来，不死气沉沉。这样就弄起来了。每个学科反复地论证自己学科的模式，十大学科弄起来就有十个模式，这十个模式统统拿来解读，拿来我们专委会办公室，由我们集体来论证，感觉不合理的地方去调整，感觉可以的就用，经过了将近半年的论证，就定下来了。

论证了半年，一个一个地过。十大学科有十大模式，校长都参与了。每个周五下午五点的例会就认证一次，每一周都有一次，整个学期，大概就是二十次。这里就有十大学科了，所以我们就以学校名义发文，以文件的形式，就像教师的前几条宣誓，各个学科已经呈报上来的自己学科的教学模式经过专业委员会的反复论证，通过决定进行试用，要求上课必须按照这个进行，不按照这个进行的绩效考核一票否决。【访谈兴义三中教师专业委员会 CFC 主任　2018 年 1 月 18 日】

自上而下统一学校整体课堂教学模式：

2015 年的上半年，我们就反复地把十个学科拿来进行对话、筛选，就发现体育学科的比较有特色，那个叫"快乐五环"。那么我就把体育学科给固定下来，就是体育学科比较特殊，专弄这个"快乐五环"的教学模式。会发现其他九科有很多环节是相同的，比如导学，你准备是相同的；比如说让学生探究、展示的这些也是相同的，还有老师进行点评的，点评也都有的环节，还有最后的小结，总结和反馈，还有拓展，这些方面都是相同的。我们就想是不是把这九个学科绝大部分相同的环节统一起来，我提出这个问题后，大家的思维好像一下子打开了。然后就又用了将近三个月的时间把各个学科整合，就整合成我们的五个环节，这就是"三中五环"整体模式。【访谈兴义三中教师专业委员会 CFC 主任　2018 年 1 月 18 日】

无论是 ZT 中学利用感情因素巧妙对话沟通，还是兴义三中的自下而上再自上而下的推进过程，都把通过对话达成改革的共识作为改革的必要铺垫。因为对问题和困难有足够深的认识，达成共识才成为成功的开端。

（二）与学校外部的对话：汲取与回馈

兴义三中的课堂改革的启动，是校长借助外部的力量，艺术化地启动的，设计感很强。先是邀请了另一所名校的六位教师来学校和自己的教师"同课异构"，同样的学生，别人家的教师就能上得风生水起、充满生机，让反对改革者无话可说，顺势启动了改革。经过几年的改革，奠定了自己的课堂教学模式。

1. 和上级主管部门的沟通，创造改革环境

中国的这种体制必须得到上级部门的支持，所以对外这一块，每一次学校的课堂改革活动，我都一定要到教育局和教师发展中心，找到业务科室的科长，包括分管业务的副局长，把我的方案传给他们，然后每一次都邀请他们。有时候能来，有时候他们忙了来不了。有个非常巧合的点，就是在将近两年前，我们市教育局提了一个好像叫作课堂转型。说实话，课堂转型这个提法提出来以后，因为教育部门实际上并没有具体抓手。局里提了，但是没有推手。在这两年的交流过程当中，我每次都去请他们，他们来了几次。通过教育主管部门的领导自己来听课，发现我们正在干的这个"三中五环"恰恰就是他们要做的课堂转型，就把它作为全市课堂转型的一个模板、一个亮点来加以推广。所以，和上级主管部门保持良好的沟通，是十分必要的。【访谈兴义三中 YTS 副校长　2018 年 1 月 18 日】

2. 开展广泛的校际交流

说实话，有的时候是闭门造车，这个东西到底能不能拿出去，管不管用，要找实验田，所以这两三年每个学期都至少保证能够走出去，至少有三次校际之间的交流。我们的校际交流比较广泛，既有我们城区的学校，也有乡镇的学校，还有外省市的学校。我们到达那个地方，首先是教学交流。在这个教学交流当中，不是简单地去上两节课就算了，一般的教学交流的模式是这样的：首先跟对方联系，然后确定好 2 到 3 个学科，请对方给我们安排同课异构，同一堂课，两个不同的班级，让我们学校的老师和他们学校的老师来上这两节课，但这个不是 PK，我们不是去比谁上得好，谁上得不好，我们是看当这个"三中五环"模式离开我们学校学生的这一环境以后，还能不能够适应。

通过这两三年的交流，我们的教学模式获得了兄弟学校的一致好评。因为他们发现对学生触动非常大，它不是那种传统意义上的老师从头讲到尾，下边的学生听得云里雾里的，我们的这个模式里面最核心的就是把学生作为教学活动的主体，老师来引导他们。所以，通过这几年的教学交流，在我们周边的学校、我们很多的兄弟学校当中引起了不小的反响，到我们学校来做个参观或者交流次数逐渐增多，这在过去是没有的。我们最初都是自己想办法去请人家或者说自己出去，现在慢慢地会有一些主动上门到我们这个地方做交流的。【访谈兴义三中 YTS 副校长　2018 年 1 月 18 日】

这种主动的校际交流，验证了课堂改革模式的适用性，在不同环境的实践中验证它的价值，挖掘它的意义，同时也在交流中不断提升对课堂教学的认识，在交流中不断改进。

3. 请进来和走出去

在 ZT 中学课堂改革的进程中，既有请进来的主动讨教，也有走出去的主动传经送宝的反哺和回馈。他们把这个过程视为课堂改革的深化之举。

请进来：

改革中感觉到教师有很多问题需要有人帮助、指点、引领。人家的老师教学改革实践时间长，比我们站位高。我们就想法从西峡请一个教育团队过来，给我们指导指导，第一个学期结束了，人家那边就派出一个团队，对我们教师有一个答疑，我们挑了几个当时做得比较成型的老师，每个人大概做了 15 分钟的展示，结束后人家给予点评、答疑，弄了大概两三天，当时对方校长都来了，带着几个教学骨干，的确给了我们很大帮助。【访谈 ZT 中学 MF 校长　2018 年 1 月 26 日】

计划第二学期过了"五一"，请他们的教育团队来到我们这课堂听两天课。就针对这节课按学科给我们点评，先来语数外理，下一学期再请他们来听史地政生，这样就是全学科让他们来指导。觉得这个创意非常好，开学就跟老师说，大家赶紧上课，按照这种方式上课，5 月份我们要从河南请来教学团队，来给我们指导，别到时候咱们上的课拿不出手。想把这件事做好，也是对老师一个督促。这样过了"五一"，就把他们的团队请过来了。请过来就是听课，语文学科听我们六个语文老师，听一遍，有的人听两遍，听完了一节课，说一节课，再听一节课，再说一节课，就是这样，真是踏踏实实指导了我们两天。第一学期做完了以后老师反响非常好。教师看学校这么重视这件事，那么大老远把人请过来，之后老师有底气了，交流就更密切了，因为从寒假之前把他们请过来就有一个交流，再来听课又更密切了，再有问题，日常的就通过 QQ 沟通了。【访谈 ZT 中学 MF 校长　2018 年 1 月 26 日】

走出去：

后来我们的改革得到了认可，黑龙江长白县来请我和 LJL 主任去做教师培训，反响也非常好，然后他们也是非常热情。我说，你们要是想做，有这样的需求，你们可以先派教研员去我们学校来听听课，然后用我们的学生上上课，我们一块交流交流。他们求之不得，也非常高兴。回来以后就找了三四个学科老师，他们那边来了七八个人，这边就做一个对接。我们有宿舍，一间男宿舍，一间女宿舍，只有两间，条件有限，住在我们学校，吃我们学校食堂的饭，一天三餐饭，然后学习两周，第一周就是听课，随便听什么课都行，第二周可以用我们的学生上课。听课，备课，第二周上课，然后指导。做了两周以后，跟我们几个老师座谈，他们感觉收获非常大，教学相长。然后也感觉非常好，我们就这样坚持了两年，给他们做了大概四期到五期这样的培训。【访谈 ZT 中学 MF 校长　2018 年 1 月 26 日】

第三章　课堂改革的内部协同机制

第一节　自组织理论的探究

一、复杂性理论与复杂性管理

（一）复杂性理论

牛顿对这个世界的简洁表达是一种高度概括，这种决定论的生存方式，只是反映了真实世界的一个侧面，而真实的世界要复杂得多。随着自然科学和社会科学的不断发展，人们对这个世界的认识也越来越深刻，人们发现要解释这个世界，必须用复杂性思维，因为世界本身是一套复杂系统。要研究复杂性理论，首先要弄清楚什么是"复杂性系统"。

百度百科里对"复杂性系统"有这样的阐释：

是一个复合的系统，而不是纷繁的系统（It's complex system, not complicated.），是一个非线性系统。复杂系统内部有很多子系统（subsystem），这些子系统之间又是相互依赖的（interdependence），子系统之间有许多协同作用，可以共同进化（coevolving）。在复杂系统中，子系统会分为很多层次，大小也各不相同（multi-level & multi-scale）。[1]

研究者在研究复杂性系统性质的基础上，进一步提出了"复杂性理论"。复杂性理论研究的是复杂性系统的问题，复杂性系统中的行为者都是彼此关联的，一个行为者行动的改变，就会影响到另一个行为者的判断和行

---

[1]　百度百科"复杂系统理论"［EB/OL］https：//baike. baidu. com/item/3993262.

动，这些行为者会自然地寻找最适合自己的生存模式和演化途径。①

复杂性理论得以建立，是不同学科学者的集体贡献。1984 年成立的美国圣塔菲研究所（SFI），汇集了大批天文学、物理学、生物学、计算机科学等自然科学家，也汇集了大批经济学、心理学、社会学等社会科学家，这些研究背景不同、来自不同领域的学者们，采用系统论的方法重新研究这个世界，研究这个世界的复杂性问题。学者们所研究的问题丰富多彩，涉及适应系统的复杂性、复杂系统的非线性、经济的复杂性、度量的非复杂性，等等，这些研究都取得了丰硕的成果，并开始作为一个学科群令人瞩目。

"复杂性理论"发展史上的代表人物是霍兰（John Holland），其最著名的理论贡献是提出了"涌现论"和"复杂系统理论"。霍兰始终执着于"复杂适应系统"的研究，在《涌现论》一书中，提出了"涌现论"的观点，在世界范围内引起了强烈的反响。1994 年，在他的代表作品《隐秩序——适应性造就复杂性》中完整地表达了复杂适应系统理论。霍兰认为，"复杂性是由规则描述的，相互作用的主体组成的系统。这些系统随着经验的积累，靠不断变换其规则来适应""适应造就复杂性"②。

（二）复杂性管理

我国学者金吾伦提出了"复杂性管理"的理论。

他认为，提出并研究复杂性管理是适应当今社会进步和经济发展的实践需要，也是当代管理理论自身发展的必然趋势。复杂性管理的概念源于两个层面：一是管理对象的复杂性，二是应用复杂性理论和方法于丰富的管理实践。

金吾伦提出了复杂性管理的几个特点：整体观念、系统方法、隐喻式表达、学习与适应、自主与协调、悖论式领导和创造性张力。混沌有序组织管理是其典型形式。③

1. 整体观念

组织系统不是机器，而是更像有生命的有机体。整体观察一个组织系统

---

① 姚立，刘洪. 自组织团队的建设［J］. 系统辩证学学报，2003（4）：66 – 72.
② 王其藩. 系统动力学理论与方法的新进展［J］. 系统工程理论方法应用，1995（2）：28 – 32.
③ 金吾伦. 复杂性组织管理的涵义、特点和形式［J］. 系统辩证学学报，2001（4）：25 – 28.

利于更深入观察有机整体各要素变化以及各要素之间的互动关系。

2. 系统方法

把组织看成一个不可分割的生命系统。研究组织问题，就要研究复杂状况的结构，研究各个机能的互动关系，也要研究某个特别的机能领域，分辨其中的高杠杆解与低杠杆解的差异。"杠杆解"的概念来自于机械的杠杆作用原理，是指用一个局部聚焦的行动去引起整体持续而显著的改善。

3. 隐喻式表达

真正的复杂系统中，一模一样的模式是不存在的，只有一些可以辨认出来的共同的主题，这些复杂事物的共同主题是通过隐喻来表述的。隐喻式表达可以激发人们想象的潜力和创造的热情，从而不断发现未知的意义，不断开拓新的可能性。

4. 学习与适应

复杂组织系统是一个自组织系统。其最大特征是逐渐学会采取合理行动的方式，因为组织系统"内设了学习算法"——从历史中学习和向环境学习。寻找"最适合的场景"，主动探索，不断尝试，依据反馈，逐渐进化。复杂性组织的多样性正是通过系统内要素的不断重新组合而实现的。

5. 自主与协调

自主意味着独立性，自主的特性使复杂组织的要素具有抗挫折和抗干扰的定力，能够在内外干扰的恶劣环境下适应和生存，这种适应能力和生存能力可以保证整体的稳定和发展；协调意味着自适应性，协调的特性保证复杂组织整体的有效运转。

6. 悖论式领导和创造性张力

"悖论式领导"的含义包括：非指令性的方向，非控制式的权威性，很强开放式的影响，对未来清晰的不确定性（混序的）。组织的每个成员都需要具有"创造性张力"，实景与愿景之间的差异所形成的张力，是每位成员自我超越的动力。①

复杂性理论研究宏观领域的复杂性，研究复杂系统的演化、性质和行为问题，成为众多学科的交叉研究领域。系统论被认为是复杂性理论的源头。

---

① 金吾伦. 复杂性组织管理的涵义、特点和形式 [J]. 系统辩证学学报, 2001 (4)：25 – 28.

现在，理论研究上已经形成了三个有代表性的学派：贡献了耗散结构论（普利高津 Ilya Prigogine）、协同学（哈肯 Haken，Hermann）和超循环理论（艾根 Eigen，Manfred）的欧洲学派；贡献了学习型组织理论（彼得·圣吉 Peter M. Senge）、复杂适应系统理论（霍兰 John Holland）和混沌学理论（洛伦兹 Edward Norton Lorenz）的美国学派；提出复杂性研究方法论的以钱学森为代表的中国学派。这些学派构成了蔚为壮观的复杂性理论的理论群。

二、自组织理论与自组织团队

（一）自组织理论

自组织是由系统的总体秩序而产生的一种有序运动的状态。

系统的总体秩序是由各个单元的运动综合形成。每个单元都有自己的简单的本地规则，按照自己的本地规则运行，这些按照本地规则运行的单元，产生本地互动（local interaction），这些互动看似是无序的，但在运动过程中，这些按照本地规则无序运动的单元，进入了正反馈并且得到放大效应的时候，秩序出现了，形成了整体系统的一种结构。

这是一个无序状态开始被外部设计和控制的自发的过程，进入正反馈的运动状态的触发点是随机的，一旦正反馈被放大，就会形成一种运动趋势。这种运动趋势就是自组织运动的状态。

自组织理论被从复杂性理论中抽绎出来，是基于对"耗散结构理论"（普利高津）、"协同学"（哈肯）等理论和研究的不断融合和互证。"耗散结构理论"是指开放系统在远离平衡态时，由于同外界进行物质、能量、信息的交换，可以形成某种有序结构。

形成耗散结构的条件有 4 个，即系统必须是开放的；系统内存在非线性相互作用；系统必须处在远离平衡态；系统内存在涨落。

"协同学"认为复杂系统的相变是由子系统之间的关联、协同作用的结果，协同学中的序参量概念和役使原则理论是解决系统向有序方向演化的有效方法。

"超循环"理论（艾根）、"突变论"（托姆）、"分形理论"（曼德布罗特）和"混沌"理论（洛伦兹等）也都为自组织理论的建立作出了贡献。①

这些理论研究对象是元素数量极大，并且元素具有自身的、另一层次的、独立运动的自组织系统。自组织领域涉及的是事物自发、自主形成结构的过程，自组织理论是研究自组织现象、规律学说的一种集合，是一个理论群。

自组织理论拓宽了控制概念，引申了随机性和确定性对立统一的思想，讨论了自组织涨落、相变等新的概念，对系统的理解深入了一大步。这里说的"系统"所隐含的背景已经不是人造机器，而是更为广义的系统。②

我国学者吴彤教授全面梳理了国内外学者自组织理论研究领域的成果，系统地分析，提炼出了自组织综合方法论：

（1）耗散结构方法提供了自组织系统构建所需的条件。它重点研究了综合系统整体秩序的开放性问题，研究了开放的程度以及如何在系统无序运动的状态下创造条件实现向自组织的转化。耗散结构方法帮助我们了解他组织向自组织演化的过程和需要的条件。

（2）协同学方法解决了自组织演化的动力问题。自组织和他组织的一个重要不同，就在于自组织系统可以保持自身的活力，在要素具备的情况下，系统自组织演化会越来越快，自组织的程度也会越来越高。系统单元之间的相互竞争、彼此协同、支配因素和役使关系以及序参量这些概念和原理的提出，对解决自组织演化的动力问题，都具有重要的指导意义。

（3）突变论研究了自组织系统演化的路径。突变理论研究了系统渐变的过程，研究了渐变经过量的积累具备突变条件的临界概念，着重研究了突变的发生和意义。突变论的研究还提供了很多方法论的启示，比如用结构化的方法处理问题，用相互矛盾的关系揭示行动的内涵等。

（4）超循环方法揭示了各系统元素之间结合发展的意义。自组织系统运动的实质是物质、能量和信息的交流，系统之间和系统元素之间如何有效地进行物质能量交换和信息交流，如何使这种相互作用和彼此结合更加紧密，超循环理论提供了方法论。超循环方法揭示：结合是自组织系统演化的核心。

---

① 李卫东. 教学系统的自组织理论分析［J］. 延安大学学报（自然科学版），2005（4）：65－67.
② 郭韬. 基于复杂性理论的企业组织创新研究［D］. 哈尔滨：哈尔滨工程大学，2008.

吴彤教授还梳理了分形方法和混沌理论方法。分形方法回答了自组织系统从简单到复杂的演化问题，剖析了自组织系统的复杂结构。混沌理论方法则从另一个维度即时间维度剖析了自组织系统的时间复杂性问题。①

(二) 自组织团队

自组织团队是在复杂性理论和自组织理论的影响下构建的一个管理学的概念，强调了社会组织的复杂性特征。

团队是一个相对的概念，团队是生存在组织中的，离不开与周围环境的相互作用，有活力的团队，一定是一个开放性的系统，能够及时地与外部环境进行物质能量的交换和信息交流。只有这种物质流、能量流和信息流的及时交换才能确保团队在外部环境发生变化的时候，团队能够及时演化产生出适应新环境的新模式，产生出更好地面对外部世界的新结构。

自组织团队是一种复杂的自适应系统，当外部环境因素变化的时候，它能够自发地转变内部结构和运行模式，以更好地适应环境的需要。

1. 自组织团队的构成要素

(1) 有意义差异

在这个概念中，差异的"意义"主要指向团队，指向团队的共同成长。有意义差异的实际存在决定了团队自组织中的运动变化的状态，有意义差异的类型越丰富，自组织运行中的出现"涌现"的可能性就越大。

任何自组织团队中都会存在丰富多彩的有意义的差异，比如教育教学水平的不同、教育观念的不同、生活背景的不同、地域文化的不同、宗教观念的不同、品行个性的不同以及对于这个世界的整体观念世界观和价值观的不同，这些不同受到尊重，然后成为推动自组织运行中"涌现"的条件，就会推动自组织的发展。

而这些有意义差异能够发生作用，必须通过及时沟通，面对这些差异的时候一定要有开放容纳的心态，不能仅仅关注于自身利益相关的差异，更要关注对整体团队而言的有意义差异，这样才能促使团队的更快前进。

有意义差异有时候隐藏在事物的内部，需要挖掘。团队建设的指导者一定要有一双及时挖掘这种有意义差异的智慧，把它作为指导师团队自组织工

---

① 吴彤. 自组织方法论研究 [M]. 北京：清华大学出版社，2001：151－163.

作的关键。

（2）互动沟通

互动沟通是使"有意义差异"真正产生"意义"的媒介，是使"涌现"不断出现的推动力量。思想的交流、情感的表达是人类的本质属性，对一个团队而言，这种互动沟通形式多样意义重大。

随着信息技术的发展，自组织团队中互动沟通的方式越来越多，除了传统的面对面、团队会议等交流方式，多媒体的出现为我们提供了更为便捷的互动交流的条件：电子邮件、QQ、微信交流都可以使我们超越时空的限制，更为快捷的交换思想表达情感。一个团体内及时的信息交流能够产生连锁反应，由此产生更多的信息和更多的响应，在这种信息网状传播的过程中，有意义差异不断产生，将团队中每一个人的力量衔接起来，自组织的力量也就产生了。

这种信息自由交换状态有时候会被阻断，比如团队中如果出现专权者，信息的全方位多项交流会被禁止，只有自上而下的形式得到允许，那么有意义差异就被限制。

另一种状态就是团队过于松散，没有凝聚力，有交流无互动，信息和观念不能聚焦，各行其是互相独立，整个团队一盘散沙，无法产生连贯一致的模式，每个人都感到孤立无援，自组织团队的凝聚效应难以产生。

因此，一个自组织团队如何进行沟通和联系，如何确保沟通的畅通，都是管理者要关注的问题。

（3）运作氛围

运作氛围表达的是自组织系统的成员所处的外部环境以及成员之间的关系状态。

它可以是有形的，比如学校的景观和建筑、教室和运动场；也可以是无形的，比如学校发展的目标和愿景、学校的规章制度、工作规程、学生守则；可以是组织构架，比如学校的部门划分、年级管理和班级形态；也可以是行为性的规范，比如一个学校的校风、教风和学风。

运作氛围是自组织系统各部分之间凝聚起来的力量，学校发展的愿景对全校师生的激励和引导作用，领导者的个人魅力对学校师生的凝聚作用，学校校风潜在的规范和滋养作用，都是一种运作氛围。

运作氛围还有一种屏障和保护作用，它像一道围墙，抵抗外界对团队的侵害。学校的围墙和每位学校成员的成员资格都起到保护每位成员的屏障作用。

根据自组织系统内部相互作用状态的不同，团队的运作氛围也有很多类型，比如校长魅力四射就会产生磁铁式的运作氛围；强调团队的物理界限和成员资格就会产生围墙式的运作氛围；自组织团队成员之间，彼此信任，互相协作，就会产生亲和力式运作氛围。自组织团队之间的成员交流沟通的越充分，"涌现"就会越多发生，也就更容易产生新的团队模式。

运作氛围状态有两个极端，一是过于柔性，另一个是过于刚性，比如班级文化建设当中，过于放任自流，班级一盘散沙，无所遵从，只强调每一个学生的利益和自由，团队整体的运作范围就很难统一起来；过于强调刚性的纪律约束和师道尊严，运作氛围也会被局限，无法促进自组织团队的良好运转。①

2. 自组织团队的特征

（1）开放性

因为自组织系统需要不断与外部环境进行能量或物质的交换和信息的交流，所以开放性成为自组织产生的基本条件。

是什么因素阻碍了自组织系统和外界环境的信息、能量和物质的交换呢？研究认为，客观延迟和主观回避或者故意过滤是两大主要因素。由此，在自组织团队与外界的种种交换中，只有保持充分的开放性，才能保证信息沟通的渠道顺畅，能量转换的结构简洁，物质交换的途径快捷。也只有保持充分的开放性，才能有效消除或者弱化主观回避和故意过滤的现象。

（2）自主性

自主性是自组织团队最主要的特征。对于组织而言，自主性就是自发产生而且自主决策和自我管理。有论者认为，自组织就是组织系统没有被外部世界施加特定的干涉。从另一个角度讲，就是自己的事情自己做，自组织系统本身就是一个运转良好的自在系统，不需要外界的干预。

自组织团队的决策、运转、调整，完全由自己决定，这既是自组织团队的运转条件，也是自组织团队的核心要素和特征。否则总是受制于外界，那

---

① 姚立，刘洪 . 自组织团队的建设 ［J］. 系统辩证学学报，2003（4）：66 - 72.

就是他组织而不是自组织。

"特定的干涉"应该理解为在自组织团队建设的起点没有强大的控制，在自组织团队的运行过程中没有施加方向性很强的扭曲，自组织自发涌现，运动轨迹自主形成。

（3）适应性

自组织团队的自主适应性，表现在它的自发性，就是指它能够根据运动状态的变化，自发地与外界交流信息、能量和物质，在交流过程中积累经验，在运动过程中调整自身结构，根据变化需要改变行为模式，自发推动团队的变革。

自组织团队系统内在的自我适应和自我学习，最直接地表现在团队成员间的相互沟通和交流上。这种沟通和交流因为"有意义的差异"而产生价值，利于团队成员之间的互相借鉴和触发；自我适应和自我学习还表现在团队成员不断地向外界学习上，总能够自觉吸取新知识和新经验，并不断触发自主演化。

（4）复杂性

自组织团队就是一种复杂性系统。首先是组织成员组成的丰富性和每一位成员的有意义的异质性，保证了自组织变化的充分的复杂多样性，这是自组织充满演化活力的源泉。其次是自组织团队所处环境的复杂多变，以及自组织和环境之间相互作用构成了过程性结构性的复杂性。

（5）非线性

线性机制可以看到直接的因果关系，是事物要素之间被抽象出来的直线型相互作用的机制，这是一种简单性的思维方式。

非线性机制才是世界的真实面貌，指事物要素之间以立体交叉网络形式彼此关联相互作用的机制，这是一种复杂性的思维方式。

非线性机制特别强调每一个要素之间都存在的联系和作用，强调信息、物质和能量的充分交流。

非线性因为所有要素之间的彼此联系和相互作用而产生无穷无尽的创造性、差异性和多样型。在非线性条件下，自组织系统的运动状态也是复杂多样的，不同的状态可能引起相同的结果，同样的条件下结果反倒相差甚远，这都标志着新事物的诞生和事物发展的多样化趋向。

（6）动态性

自组织团队的整个生命周期和发展的每一个阶段都是动态变化的，都要经历从萌芽、成长、成熟到消亡的整个生态的变化过程。远离平衡态，团队自我发展的秩序产生，自组织团队系统处于快速变化的时期，新生事物和新鲜问题不断产生，每时每刻都在变化。平衡态出现，系统停止变化，团队也将面临消亡。作为自主组织团队，一定要格外关注团队的动态变化和变化的阶段，关注变化的方向和类型：正变与负变，渐变与突变等。

三、课堂教学系统是自组织系统

自组织理论认为，自组织特性是由系统内部各要素以及各要素之间的相互作用决定的。系统的开放性是系统产生自组织行为的先决条件，非线性机制是系统产生自组织行为的根本依据，远离平衡态是系统产生自组织行为的必要条件，涨落是调整系统自组织行为的重要契机。

课堂教学系统包括教学知识传授过程的教学机制以及协助达成这一过程的班级组织系统的协同机制，是由教师、学生、教材、教学过程等多个要素构成的复杂系统，教学系统的教学机制和协同机制具有典型的自组织特性。

（一）课堂教学系统的开放性

课堂教学系统作为教育系统的一个子系统，与母系统以及其他子系统之间保持着不间断的信息、物质和能量的交流，这种交流打破封闭课堂的局限，将课堂教学系统置于整个大系统的关照之下。

课堂教学系统本身具有自组织特性，在开放的状态下，课堂教学系统的各个要素就会与外部世界建立广泛的联系，沟通渠道更加畅通，信息流、物质流和能量流的交汇，促使课堂教学系统内在的结构从无序走向有序，不断突破原有的模式，寻找到更加符合运动规律的课堂教学新模式。

如果课堂教学系统被强行封闭，课堂教学系统的各元素处于孤立的系统之内，系统的运行状态只能走向混乱无序，就不会发生有意义的变革。

（二）课堂教学系统的非线性

课堂教学的要素主要有教师、教材和学生构成，每一个要素都具有复杂的多样性。

比如学生，出身不同、性格各异、知识基础千差万别、学习的兴趣点各有所好，加之心理状态的变化。课堂教学系统的非线性就是师生的复杂多样性、教材的复杂多样性的交汇。课堂活动中信息的呈现和获取以及和师生状态的变化三者之间也呈现出非线性的特性。这主要是由于师生认知结构的特性、知识的呈现方式、教学策略、学习策略的选择、教学情境的营造以及学生的认知因素和非认知因素等有密切关系。①

课堂学习的过程，就是学生与外界进行物质能量和信息交流的过程，这种交流本身又是非线性的，系统需要与不同的对象进行各种各样的交互，从外界摄取大量的物质、信息和能量，以保证多样性、生成性、创造性，满足学生成长的需要。现在所提倡的互动课堂和生态课堂都是非线性教学关系的典型体现，这种教学生态系统，因为具有交互性、开放性和非线性的特点，满足了系统中教学新秩序的产生和学生成长的需要。②

相反，如果系统内各要素的相互作用仅仅是线性的，那它们的组合就只有量的增长，而不可能有质的变化。因此，在教学活动中，不论是教师，还是教学管理人员，都应避免认识和行为上的简单化和机械化，准确地关注、体察、把握教育和教学对象，选择相应的教育和教学策略，才能达到最佳的效果。

（三）课堂教学系统的远离平衡态属性

教学活动是有计划、有组织、目标明确的教育活动。从一定意义上讲，教学系统具有偏离平衡态的本性。

有效的课堂教学改革就是要打破原有的平衡状态，在课堂教学系统中，一方面，注入非平衡机制，打开封闭状态，广泛吸收外界的信息、物质和能量。另一方面，重组内部结构，使课堂教学系统从无序的混沌状态变为有序状态，课堂改革的意义就在这里。③

虽然课堂教学也具有基本不随时间变化的相对稳定性，但当外界作用增强到一定程度，即外界迫使系统处在远离平衡的非平衡态时，系统可以向更

---

① 于海波，孟凡丽. 论教学系统的自组织机制 [J]. 教育科学，2002 (5)：39-42.
② 王忠厚. 从混沌走向协同：课堂教学系统自组织境域研究 [D]. 重庆：西南大学，2011.
③ 钱丹洁，张伟平. 略论当前课堂教学改革——自组织理论的视角 [J]. 教育导刊，2012 (10)：5-7.

高级有序的结构演化。教学系统达到高级有序的良性循环状态，就是我们所追求教学系统的改革的状态。①

(四) 课堂教学系统的涨落性

课堂教学系统中的涨落表现在不同的层次：个体层面，学习者个体学习状态的涨落；群体层面，教学系统整体的涨落。

由于课堂教学系统具有开放性和非线性的特点，置身于课堂之中的学习者，可以非常方便地与外界进行信息的交流，这些交流促使自己的认知结构、心理状态价值系统不断发生涨落，促进个体的成长；群体层面，每一个个体的涨落都遵循非线性的规律，又能自主形成自组织状态，从有序到无序再到无序不断演化，不断发展。

系统自组织的涨落推动自组织的状态不断远离平衡态，达到系统迅速发展的阶段，然后达到更高层次的平衡，这个过程循环往复，事物不断发展。②

涨落是系统有序之源。涨落是教学系统走向有序的契机。在教学系统中，这种涨落来自两个方面：一是来自系统内部。教师、学生都是典型的非线性系统，在信息多向流通的过程中，每一个内部子系统皆有可能因其非线性产生意想不到的结果，并被逐级放大，最终影响整个系统的发展，如课堂中的突发事件。二是环境的变化。教学系统作为教育系统和社会系统的一个子系统，不可避免地会受到各种各样的外来干扰。这些干扰作用于系统内部的各个因素便造成系统内部的涨落，比如，社会上流行"知识无用论"。③

(五) 课堂教学系统的自适应性

系统的自适应性是自组织系统的一个整体性特征，在很多方面都有所体现。

如自复制，是指系统在一定的条件下，随着时间的推移，会产生出与其有近似结构或功能的新系统，对于学习过程而言，自复制使个体向更高层次发展。

自选择，也就是系统的自学习性，是指系统的演化具有一定的自我选择演进道路的能力，课堂教学系统发展至什么层次、各要素间的关系如何调整，将取决于自身而非外在的控制。

---

① 李卫东. 教学系统的自组织理论分析 [J]. 延安大学学报 (自然科学版)，2005 (4)：65－68.
② 王忠厚. 从混沌走向协同：课堂教学系统自组织境域研究 [D]. 重庆：西南大学，2011.
③ 于海波，孟凡丽. 论教学系统的自组织机制 [J]. 教育科学，2002 (5)：39－42.

自反馈，是指学习者通过对自己的某一方面或某些方面进行客观的、全面的审视与反思，发现不足或肯定自我，从而促进自身的有序发展。

自同构，自创生产从前不曾有过的结构和改进已有的结构去适应外界环境的变化，学习者正是通过这两种机制来组织自己的认知结构。[①]

自组织系统具有更为深层、整体的自组织特征与功能，系统能在没有外部指令的情况下，内部要素之间按照某种规则形成一定的结构和功能，自动地进行自我组织与协调，"自己走向有序结构"（钱学森语）。这在以技术理性、控制理性、还原主义为指导的教学与研究中往往被忽视，这是今后课堂教学改革需要注意的地方。[②]

第二节　作为"自组织"的课堂改革内部协同机制

一、"班改课改一体化"的提出

课改并不单纯意味着"改课"。课堂是一个复杂系统，包括知识传递过程的教学机制以及作为班级组织的教学协同机制。课堂改革必须同步进行教学机制的改革和协同机制的改革。教学机制的改革离不开班级组织改革的协同。

在新一轮课堂改革的旗帜下，高效课堂的改革一直在艰难探索中。特别是一些本土化的课堂改革实践，走在了理论研究的前头，也给我们的课堂改革提供了希望和惊喜。随着时间的沉淀，我们现在可以提到下列一些耳熟能详的课堂改革典型学校和他们所独创的课堂模式：洋思中学的"先学后教"、杜郎口中学的"合作探究"以及西峡第一高级中学的"疑探教学"模式。

这些以课堂改革作为整个学校变革"杠杆解"的实践，都走了这样一个路线：

先通过课堂的变革，成功提高了学校的办学质量，取得了进一步深化改革的"合法性"，进而推动学校全面变革。

这些课堂改革名校，被媒体广为宣传，都曾经名噪一时。也有不少的理

① 王忠厚. 从混沌走向协同：课堂教学系统自组织境域研究 [D]. 重庆：西南大学，2011.

② 于海波，孟凡丽. 论教学系统的自组织机制 [J]. 教育科学，2002（5）：39－42.

论工作者从理论的高度进行了研究。而前往参观学习的热潮，更是持续升温，取经者的心头，都有复制成功者经验的冲动，但是这些取经者，却往往都以失败而告终。

随着高效课堂改革的逐步深入，这些课堂改革名校在取经者的追问和审视下，也都需要重新出发，总结过去，开创课堂改革的新途。

"班改课改一体化"就是在这种背景下，作为深化课堂改革的重要举措应运而生。

从目前查到的资料来看，朱洪秋老师第一次提到了这个概念："在已经开始推进高效课堂改革的学校推进高效班级管理改革的实践探索，引发了我们对班改课改一体化的思考，并正在成为推动课堂改革的引擎"。[①]

从图 3 - 1 中可以看到，班里除了传统的小组，同时又增加了"部"的设置，这里设置了四个部：学习管理部、生活管理部、行为管理部和活动管理部。

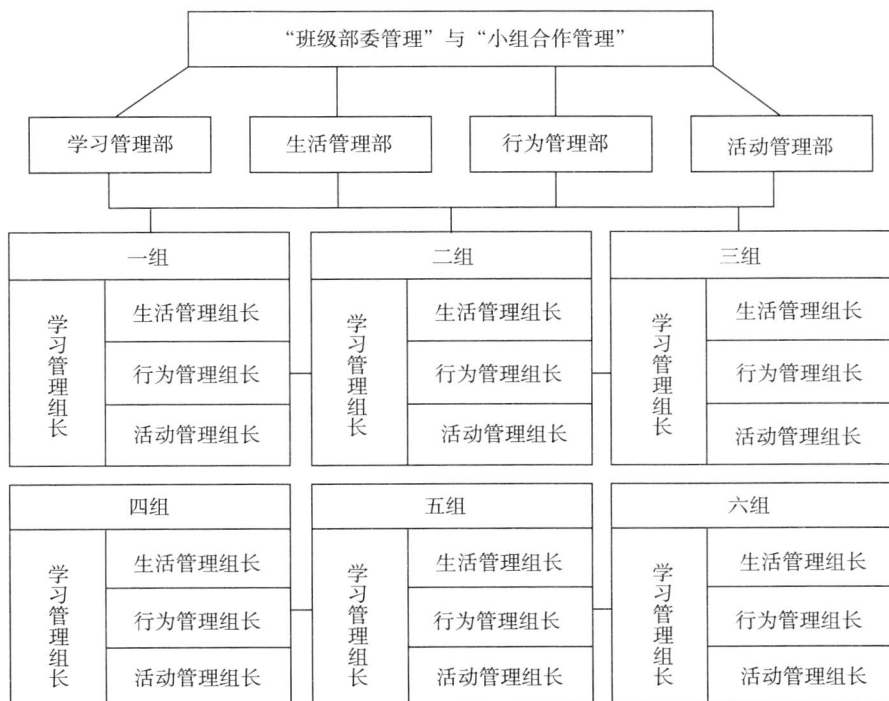

图 3 - 1　课改班改一体化结构模型

---

① 朱洪秋. 班改课改一体化研究［J］. 基础教育研究, 2015：72 - 73, 78.

而这些部的成员组成，均衡地来自各个小组，每一个小组都会有四个部的成员去参与类别不同的管理。如果你属于学习管理部，那就是本小组（比如一组）的学习管理组长。如果你属于生活管理部，那就是本小组的（比如一组）的生活管理组长。这样的交叉设置，赋予了每一名学生不同的管理责任，人人都要参与到班级的管理当中。

为了使班级内的小组能够与班级部委制设计的 4 个部委协同管理，每个小组设置学习管理组长、生活管理组长、行为管理组长、活动管理组长各 1 名，分别负责小组成员的学习管理、生活管理、行为管理、活动管理，以实现和班级部委的无缝对接。为了实现小组内部的统筹管理，每个小组还可以从 4 个组长中选举 1 名行政组长，统筹小组工作的管理。班级部委制与小组合作制协同管理。①

这种班级管理模式的变革，也可以简称为"班改"。

这种班级管理结构的变革，一开始是为了配合"小组合作"探究的需要，提高各个小组成员的探究质疑的积极性。在实行过程中，实践者发现了这种结构潜在的激发小组成员自主学习之外的因素，比如，行为习惯养成的自觉意识的培养、个人品行修养的潜移默化的互相濡染、各小组间既竞争又合作的现代意识的形成，等等。

根据笔者所知，这种模式最早由山东北镇中学的李炳慧老师率先实行，北京师范大学区域教育均衡发展研究中心大力推动，河南西峡、吉林长白县和北京的城乡接合部的一些学校，已经在积极实行，并且取得了丰富的实践经验。

这是北京市 ZT 中学的 LYR 老师的做法：

传统的班级管理，它的构成是"1 + 1 + n"，什么意思呢？第一个"1"是班主任，第二个"1"是班长，n 是学习委员、体育委员、文艺委员这几个班干部。

我们现在叫班级部委制，它的模式是"1 + 1 + N + N"。第一个"1"还是班主任，第二个"1"是班长，实际上在部委制里班长的作用就被弱化了，有时候甚至可以没有，一个 n 是部委，一个 n 是小组。

---

① 朱洪秋. 班改课改一体化研究 ［J］. 基础教育研究，2015：72 –73，78.

最上面的是班主任，中间可能有一个班长，这个班长的作用基本是上传下达，这里有两个分支，一个分支是部委，一个分支是小组。比如班里有几大部委，根据班级需要来定，有的班级可能有八大部委，有的班级可能有六个，我们最开始成立了 11 个，后来发现，有的部委工作太少，重复的多，学生自己会发现问题，自己合并，合并到最后是四个部委，我们班一共 20 多个人。分为四个部委：学习部、活动部、生活部、行为部。比如纪律部，实际上纪律是一个行为，内在的东西呈现出各种行为习惯，后来放到行为部里。随便说话，言行不文明，课间打闹，上课不听讲，这些都属于行为的一个方面。生活部就是卫生，平常的仪容仪表。活动部，原先的文艺部、宣传部，都归到活动部，因为它都属于活动部。这里小组就不定了，几个小组根据班里的情况来定。【访谈 ZT 中学 LYR 老师　2017 年 1 月 9 日】

这就是一种自组织管理模型的构建，是一种全新的班级自我管理的机制。

二、班级内部组织变革的自组织力量

（一）有意义的差异

所谓有意义的差异，是反应在团队成员身上的有效促进团队成长的正向因素，是改变涌现模式的正面力量。比如学习基础的差异、家庭背景的不同、智商能力的不同、性别种族的不同、德行品质方面的不同以及世界观价值观的不同等，这些差异因素的发挥就会成为其他成员成长的触媒。就建立班级小组和部委制的班级变革而言，小组成员的构成和各部委成员的组合，要力求最大限度地实现"有意义的差异"。

根据班改的经验，小组和部委的建立，是依据"组间同质，组内异质"原则，特别强调了各个小组成员的组成，要充分考虑到性别、家庭、性格、学习基础和兴趣爱好等各方面的差异。这些差异，带来的是有意义的不断互相触发，是小组内部每一个个体充分激发潜能、组织内部活力四射的基础。

（二）有效的互动沟通

团队的叠加作用体现在良好的互动沟通上，要把每一个团队成员的"有意义差异"的价值发挥出来，只有通过充分的互动沟通才能实现。

在班级生活中，建立互动沟通的渠道非常关键。传统的课堂中，学生们排排而坐，位置是固定的，不能随便走动，同学们之间的交流仅限于同位和前后位之间，极大地限制了互动沟通的范围。

课堂改革的理念需要班级组织的变革协同进行。没有班级组织结构的变化，师生之间的互动、生生之间的互动就无法实现，课堂改革的目标就很难达到。

这种沟通即包括班主任和各个小组成员的沟通，自上而下；也有各个小组成员主动和教师的沟通，自下而上；更包括各个小组成员之间的互通有无、相互提醒和帮助。

班级管理运行的时候就是两条线，一种是班主任觉得班里要做个什么事了，学校里面布置什么德育任务，班主任接到这个之后找班长，班长再传达到部委里，部委再把各个小组的人员召集到一块，任务下达完了之后，会回归到他的组里去。为什么说班长有时候可以不需要呢？班主任接到这个任务，跟生活部有关系，可以直接找生活部长，很简单，生活部长聚集开会，检查也找这个部长就行了，自上而下完成任务。最后班主任要做的就一件事，找生活部长一个人就行了……

还有一种情况是自下而上，部委建立之后有一个部委的管理条例，学生在执行管理条例的过程中会发现问题，或者觉得有的条例执行不下去，比如增加什么，或者需要开展一个活动提高我们的学习氛围。比如马上期中考试了，学习部长可能感觉到大家的学习氛围不浓，就会找几个组长问问情况，开个期中考试动员大会。过来找班主任说，老师，下周要考试了，我们班状态不好，我们开个主题班会行不行，班主任就问怎么开，他说怎么开，这时候班主任提点建议，他就去开班会了。

这个班会就特别有意义，因为是学生要开的。我们以前的主题班会都是学校让开，老师就传达，这个班会对学生没有意义，不解决学生的问题，学生被迫接受，反正就知道开班会，班会开完干什么不知道。

我们班到初二的时候非常明显，好多次都是学生来找我说，老师，我们班午饭浪费现象很严重，我说，你们都检查没有，他说，我们检查了，我说，扣分了没有，说，分也扣了，是不是应该开个主题班会，让那几个专门浪费粮食的去开班会，这是生活部长自己的主意。怎么把最浪费粮食的人找出来，他说，投票选举，最后全班投票，选了三个人，说这三个人平常吃东西就吃一点，大多数都倒掉了，于是就让他们三个人去准备这个主题班会。这也不是生活部组织的，但生活部发现这个问题解决不了。这三个人要做主题班会得查资料，查了很多资料，浪费粮食怎么怎么不好，哪些国家没有饭吃，非洲小孩饿成什么样，找了好多图片资料。……XX 孩子在查资料的过程中，就真的认识到浪费粮食很可耻，有那么多吃不上饭的，而且其他的孩子同时也受到了教育。【访谈 ZT 中学 LYR 老师　2017 年 1 月 9 日】

访谈中提及的自上而下的沟通，由于结构的扁平化，使得班主任要传达的信息直接传达到专门的小组成员，迅速传导到每一个成员中，提高了信息沟通的效率。从下而上的沟通，是由于来自学生的需要，解决的是学生中存在的"真实的问题"，触景生情，互相教育和自我反思相结合，因而沟通的成效就会特别显著。

(三) 良好的运作氛围

自组织理论认为，运作氛围表达的是自组织系统的成员所处的外部环境以及成员之间的关系状态。它可以是有形的，比如学校的景观和建筑、教室和运动场；也可以是无形的，比如学校发展的目标和愿景、学校的规章制度、工作规程、学生守则；可以是组织构架，比如学校的部门划分、年级管理和班级形态；也可以是行为性的规范，比如一个学校的校风、教风和学风。

这种新的组织结构本身，就天然地界定了运作的氛围，规定了小组的工作方向，甚至成长的愿景。比如学生自定的"公约"：

学习管理部部委公约：作业质量效果好，课上静堂积极答，擂台竞争智者胜，成绩提高心情妙。

部委口号：不去耕耘，不去播种，再肥的沃土也长不出庄稼；不去奋斗，不去创造，再美的青春也结不出硕果。

部委目标：提高同学们学习的积极性以及班级的学习效率，让我们共同取得理想成绩。

行为管理部部委公约：不包庇，不推托，以身作则，全力以赴。

部委口号：除陋习之疾，行文明之事。

部委目标：让同学们成为有理有矩，行为规范的人。

生活管理部部委公约：卫生完成快又好，午饭粮食不浪费，物品摆放要整齐，良好环境大家创。

部委口号：用青春装点生活，以生活承载青春。

部委目标：保持良好的学习环境，关心大家所关心的，解决大家所面对的。

活动管理部部委公约：服从命令听指挥，注意安全勤提醒，严格要求不包庇，积极协助有担当。

部委口号：生命因运动精彩，体育让梦想成真！

部委目标：让我们班级的队伍整齐有序，跑操无人落队，外出活动没有安全问题，大型集会秩序最好！① 【ZT 中学 LYR 老师的《礼智三班班级文化》】

在这个班级当中，各个部形成了自组织团队应该具备的良好的"运作氛围"：用部委公约加以规范，通过"部委口号"不断固化，用"部委目标"强化愿景，一个自组织团队在班级的大环境下，呈现出了勃勃生机。

三、自组织管理机制视域中班改的多重效应

（一）管理形式的开放性

按照自组织团队复杂性管理理论，在自组织团队与外界的种种交换中，只有保持充分的开放性，才能保证信息沟通的渠道顺畅、能量转换的结构简洁和物质交换的途径快捷。也只有保持充分的开放性，才能有效消除或者弱化主观回避和故意过滤的现象。

在班改的实践中，这些建立了部委制和小组制双重模式的班级，呈现了管理形式的开放式变革的新局面。

我有两次特别大的展示，让家长特别信服。

第一次，成绩分析学生做，家长在底下看，学生在那儿讲。那时候刚初一上学期，学生能力还不行，是照着 PPT 念的，声音还有点小，但是家长一个比一个听得专注，因为是学生在讲。孩子做试卷分析，老师做的也不过如此，全班最高分、最低分，最高的前几个，单科是谁，班级平均分跟年级平均分的对比，每个小组的成绩平均多少，各小组的成绩全都分析出来。我

---

① 引自 LYR 老师资料的《礼智三班班级文化》.

作为班主任，要把各学科全分析一遍，多大的工作量，弄完了也是我的，学生弄完了之后，科代表对自己科的全班成绩很清楚。

第二次，初一上学期的迎新年元旦联欢会，期中考试成绩分析会，给家长一个震撼。家长说，从来没有想到我的孩子可以站在这么多人面前讲话。等到初一期末的时候，元旦迎新年联欢会，也把家长请去了，所有的学生展示所有的班级文化，各个小组用节目展示小组文化，比如说相声，把自己的小组文化贯穿出来，比如朗诵、演小品。家长从来没有看到孩子有这一面，而且家长跟着一块参与，做游戏之类的，家长也是分到小组里头，家长跟孩子绑定一个小组，原先小组四个人，现在是八个人。家长看到了孩子的综合能力，是从内心认可的。【访谈 ZT 中学 LYR 老师　2017 年 1 月 9 日】

无论是成绩分析会，还是面向社区和家长的元旦联欢会，都是由学生去筹划实施，充分激发自组织团队的内生组织能力，自动自发地开展信息、能量和物质的交换活动，取得了多重的活动效果：学生在社会实践过程中锻炼了组织协调、语言表达能力，树立了自信，也对自我和他人有了更深刻的认识；家长深入班级，亲身参与活动，强化了亲子关系，对孩子产生新的认识，也更清楚为人父母的教育责任。

（二）管理内容的自主性

自主性是自组织团队最主要的特征。对于组织而言，自主性就是自发产生而且自主决策和自我管理，自组织就是没有外界特定的干涉。"特定的干涉"应该理解为在自组织团队建设的起点没有强大的控制，在自组织团队的运行过程中没有施加方向性很强的扭曲，自组织自发涌现，运动轨迹自主形成。

班改之初，各个部委（学习部、行为部、生活部和活动部）都会自发酝酿、自主建立部委公约，对管理内容和管理目标都有自我的约定。在运行过程中，很多的管理行为也都自发地出现。

笔者前文提及的 2017 年 1 月 9 日访谈 ZT 中学 LYR 老师，他讲述的是事关学习氛围营造的"学习部"的事例和事关食物浪费的"生活部"的事例，"行为部"和"活动部"也都会常态地发现本部委职责范围内存在的问题和需要加强管理的事宜，也都会自发地去解决。每一个人，都是小组成员，也都是某一部委的职责所在的担当者，自主性无处不在。

（三）自组织系统的全面适应性

自组织团队就是一种复杂性系统。

首先是班改部委制变革使组织成员内部具有丰富的有意义的异质性，保证了自组织班级的充分的复杂性，这是班级充满演化活力的源泉；其次是自组织团队（各小组、各班委和班级）所处环境的复杂多变，以及自组织团队和环境之间相互作用构成了过程与结构性的复杂性。

自组织团队（各小组、各班委和班级）的适应性，是指它能够通过自发地与外界交流信息、能量和物质，不断积累经验，不断地调整自身结构，改变行为方式，推动团队的变革。

自组织团队（各小组、各班委和班级）的自我适应和自我学习，首先是团队成员间的相互学习，因为团队成员之间具有"有意义的差异"，利于互相借鉴和触发；其次，团队成员需要向外界学习，自觉吸取新知识、新经验，并进行自主演化。

我们学校的座位都是面向前的。这是一对师友，刚才说小组的构成就是ABCD，优良中差构成的，优和良构成"学师"，中和差构成"学友"，我们的座位是这么坐的。所以，我们在进行"三疑三探"学习小组的时候，并没有把师友丢掉，而是嵌在里面的。……这样针对性特别强，两人两人地讲，讲完了之后，四个人再一块讲，再讨论。而且发言的时候，让三号四号发言，一号二号尽量不发言，后来我这样激励三号四号发言，几号发言就给几分，这下1、2号都不说话了，全让3、4号上去，挣的分多，4号就算说错了，还能得一半分，1号要是说错了，1分都没有。【访谈 ZT 中学 LYR 老师　2017 年 1 月 9 日】

这里的自组织形式，既有同位之间亦师亦友的组合，也有四人小组优良中差的互补，并且通过一定的组织激励机制，激发每一个学生的学习积极性，保护了每一个组织成员的利益，是复杂系统的非线性的应对和适应。

（四）个人成长的非线性发展

在复杂性系统中，自组织团队的变化是非线性发展的。非线性意味着无穷的多样性、差异性、可变性、非均匀性、奇异性和创新性。在非线性条件下，才有可能出现不同状态引起相同的结果，或者相同的初始条件导致不同结果的复杂情况。这些事件的发生，恰恰意味着物质的丰富多样化，即新生事物的产生。班改之后的部委制，使班级系统呈现自组织系统的复杂性和非线性发展，这种态势使创新态不断涌现。

1. 成绩提升

访谈者：这就是小组合作和班改结合到一起做的，成绩怎么样？

LYR 老师：成绩出乎意料的好。语文考得最好，语文进十佳了，我们之后都是后十佳。38 个中学，总是后头的，动不动就 35、34，以前 26、27 就是好成绩。

访谈者：进十佳就是在全区进前十名吗？

LYR 老师：对。我们的学生基础太差了，不是一般的差，数学考 8 分，语文考 10 分的都有。【访谈 ZT 中学 LYR 老师　2017 年 1 月 9 日】

2. 团队精神的凝聚和个人品行完善

到初二的时候，全面铺开班级文化建设，大约到了初二下学期，5 月份的时候，我们开了一个主题班会，学校当时也有要求，每个班都开主题班会，而且请一些专家进行测评观摩，我们班的主题班会得到了高度好评。当时专家给了我这样一句评价："刘老师，通过你这节主题班会，我就敢说，这些孩子将来毕业的时候，你一个都舍不得，而且孩子肯定舍不得你。"通过主题班会看出了师生的融洽度和孩子之间的融洽度。【访谈 ZT 中学 LYR 老师　2017 年 1 月 9 日】

博雅一班从初二才开始的，到后来已经有一点自主的能力，比如有一个学生要提前走，来找我说，能不能给他办一个告别 Party，自己买的生日蛋糕。那孩子家长离异，从小就在二姨家，二姨也离异了，又把他送回来，跟没人管似的，特别缺乏爱，他自己说要开个主题班会，而且其他学生也特别支持，开始有自主活动的影子了，但不是特别明显。我们最后练合唱比赛，第一名，朗诵比赛第一名，非常好的凝聚力，自主自发能力差不多形成了。【访谈 ZT 中学 LYR 老师　2017 年 1 月 9 日】

3. 教师成长

在班级变革中，班改和课堂改革的一体化推进，既提高了学生的自组织能力，也改变了课堂、班级的学习环境，从而也对教师的成长产生了反推力，使努力适应并投身变革的教师，率先成为自组织团队中的创新者。

就搞班改课堂改革这块，语文老师都很起劲，语文组的都弄得挺好，最后评示范教师，我首批被评为示范教师。首批班改课堂改革示范教师，一共评了5人，语文就占2人。等到评第二批的时候，语文老师全部都是示范教师了。但是别的科都评了第五批了，有的科还有老师没有成为示范教师。【访谈ZT中学LYR老师　2017年1月9日】

（五）对课堂教学的良性促动

用线性的观点去推论，就是"种瓜得瓜，种豆得豆"，因果关系非常单纯和直接；用复杂性理论去解释，会出现"种瓜得豆"的非线性结果。比如班改，一开始的出发点也许是为了加强班级管理，是属于德育管理系统的变革，但推行开来后，却发现这种变革带来的自组织系统，为课堂改革提供了良好的复杂性环境，为小组合作探究提供了规则和机制，为课堂变革准备了涌现的机会和平台。

博雅一班最开始上的时候，成绩也不怎么样，我当时根本就没想成绩，我只是觉得我这么上课挺轻松，不累，卷子学生自己判，题学生自个儿讲。到初三的时候，做成套的模拟题，我不判卷子，交给学生判，学生全都会判，不光是死的知识，包括阅读题，怎么找得分点，作文，怎么拿标准去衡量。我觉得学生会判卷子才会做卷子，他会判题就会做题，他知道标准是什么了，下回答题就照那个标准走。我只是在关键的时候，比如模拟考试要记成绩了，我判，因为学生判的还是有误差。一直这么做的，最后成绩出来是我意想不到的好。【访谈ZT中学LYR老师　2017年1月9日】

礼智三班到初二上学期的时候，虽然最终的考试成绩没有明显的效果，但我几乎不上课了，都是学生上课，学生自己做PPT，我说你们组负责讲这篇课文，他们组负责讲那篇课文，提前分配好，并且告诉他们哪天讲。我本来对他们要求挺低的，我说你们就用那种平常的讲授式，四个人，一个负责主讲，另外一个副讲补充，还有一个负责课堂组织，一个记分，我本意是让他们用传统的方式把课上了就行了，结果我们的孩子用三疑三探上。"同学们看，我们来上这篇课文，大家看到这个课题之后有什么问题？提的问题写到黑板上，问题我们都提出来了，我们排排顺序，这个题哪个组负责，这个题哪个组负责"。

后半学期开始尝试让他们上课，这样可以把握知识点，最后几乎所有的学生都知道，只要拿到一篇课文，上来就讲文学常识，讲完文学常识弄点字词，然后讲讲故事情节、内容，最后分析分析写作特色。学生最起码知道，语文课，只要拿到一篇课文就得从这几个方面学习，已经有了这个知识体系。记得有一回 SL 博士听课，正好赶上学生上课，当时就是学生上，我在旁边看着，所有听课的人都特别诧异。正常的情况是，铃一响老师上来上课，我们是铃响了之后，还不知道讲课的老师哪儿去了，因为我在旁边站着呢，听课的里面有认识我的，知道我是上课的老师，还有一些不认识我的，就不知道老师在哪儿。上课铃一响，四个学生拿着书本上去了，主讲的学生就说，上课，就开始讲。结果讲得十分精彩。【访谈 ZT 中学 LYR 老师 2017 年 1 月 9 日】

LYR 老师是北京市昌平区 ZT 中学的一名语文教师，作为班主任，她是践行班级部委制最有心得的，是进行班级文化建设校内"导师团"的成员。经过自己班级文化建设的几轮实践，在和校内班主任和校外参观学习的教师的交流中，不断总结，形成了一整套的班级文化建设经验，如何创建班级部委制、如何分组、组长和部长如何分工、如何评价保障这种班级组织的健康运行，都探索出了行之有效的经验。

在 LYR 老师班级文化建设的理念当中有五层境界：

第一层，维持层次。保持班级生活秩序不陷入混乱，正常运行，这仅仅是一个最基本的境界。学生发展特征是规规矩矩的。班级目标仅仅是建立班级秩序，让班级不陷入混乱而已，班级的发展机制就是自上而下地完成任务，学生的发展状态是被动地接受管理。

第二层，建立学风。这个层次的班级开始形成好的集体学习的氛围，逐渐形成良好的学风，对于学科知识的学习成为班级生活的核心。对于学生而言，在学校学到必备的知识，是他们的一个主要任务。学习是同学们在集体中互相帮助、相互激励当中进行的。班级目标就是培养集体学习的氛围，班级发展的机制就是在集体学习的压力下关注学习、学生发展的状态，是以知识学习为核心的。

第三层，建立有凝聚力的班集体。与第二层的境界相比，关注知识学习之外，班级集体生活增加了更多社会实践内容和丰富的集体活动，大家团结向上，每个人都珍惜集体一员的身份，非常珍惜整体形象，产生了非常强的班级凝聚力。在这样班级氛围的濡染下，同学们具备了更鲜明的发展性特征，乐于奉献，具有很强的集体荣誉感。班级发展目标是形成共同价值观。班级的发展机制，是在克服个人主义当中形成集体主义观念，学生的发展状态也形成了统一的价值观。

第四层，学生有自主活动的能力。班级有良好的秩序，浓厚的学习氛围，强大的班级凝聚力，学生们也有更强的自主活动能力，比如学生的自我管理能力、自主管理班级事务的能力。许多事务性的工作都不必班主任事必躬亲，班干部通过这个班级组织部委制的实施，自主管理。班级发展目标就是学生自主互助，班级发展机制是在民主自治的氛围里成长。学生发展的状态就是自主活动能力逐渐提高。

第五层，学生拥有了丰富的精神生活。关注学生个体和班级整体的精神生活质量，开拓更开阔的精神生活空间。学生拥有了扎实的基础知识和基本技能，同时也具有了明确的自我意识，具有远大的理想和高尚的追求，并且能够具体体现在日常的学习生活中。这种高质量的精神生活，以各项核心素养的健康发展为旨归。班级发展目标是创建了充满活力的自动自发的班级发展机制，根据学生的需要，开发学生潜能。学生发展的状态，是主动提升精神生活的质量，精神生命的质量。

当然，LYR 老师也认为，在自己过去最成功的一届班级建设的实践中，也只是达到了第三层。不过第三层班级凝聚力的形成，就是凭借"班级部委制"运作来达成的，它已经超越了原来苦苦追求的让学生安静下来、好好读书的追求。在这个"五层"班级发展的描画中，我们看到，越到高层次，就越是接近班级"自组织"的特征。开放式的管理方式，自主互助式的成长境界，对学生发展的综合适应性。

第四章　课堂改革的过程转化机制

第一节　知识管理理论的探究

一、"知识管理"的概念溯源

"知识管理"是源自企业管理的一个概念。20 世纪 80 年代，伴随着计算机技术和互联网应用，企业的竞争环境和生存环境日趋激烈。企业所创造的知识需要贮存，在企业内部这些知识需要共享，尤其是对企业核心员工所创造知识的管理更是必须面对的问题。

首先提出"知识管理"的概念并对"知识型组织"进行了系统探讨的是瑞典学者斯威比（Sveiby 1986）[①]。

1988 年，彼得·德鲁克（Drucker）在研究了大量的企业管理的案例之后，在《哈佛商业评论》上发表了著名的《新型组织的出现》一文。这篇文章涉及"知识管理"的问题，也涉及"未来信息型组织"的问题，并从知识管理的角度论述二者之间的关系，指出"管理的本质不是技术和程序本身，管理的本质是知识的有效贮存、传递和使用过程"。他还认为："管理作为一种实践已经很古老了。历史上最成功的管理人员是 4500 年前或更早的埃及人。他们首先构思设计了史无前例的金字塔，并且用令人惊叹的短暂时间建造出来。埃及人证明了有效知识管理的核心：在孕育新思想的创造性活动和将好想法转化为有价值的商品所需要的严格实施之间达到平衡的

[①]　Sveiby K E, Riding A. The know-how company [J]. Liber, Malmo, 1986.

能力。"①

从彼得·德鲁克的论述中，"知识管理"就已经不仅仅是管理好现有的"技术和程序"，还有知识的贮存、传递和使用过程，并且在这个过程中让知识更富"知识创新"的内涵。

随着"知识管理"研究和实践的不断深入，一些著名企业"知识管理"的成功实践案例不断被发掘出来，理论界对"知识管理"理论的关注日渐深入。

1997、1998 连续两年在瑞士召开了第一届和第二届世界知识管理大会，对"知识管理"的研究开始成为企业界、管理学界的共同潮流。由于研究者的目的不同、重点不同、视野不同，因而对"知识管理"内涵的理解也不同。大多数研究者着眼于迎接未来知识经济的需要，强调通过激励措施，建立知识共享的机制，充分发挥集体的智慧提高知识创新的能力，在知识共享的过程中，不断培养企业集体的创新力和应变力。

Yogesh Malhotra（1998）强调了在企业不断发展的过程中注入"知识管理"的重要意义，他认为："知识管理是当今企业面对日益增长的非连续性的环境变化，针对组织的适应性，组织的生存和竞争能力等重要方面的一种迎合性措施。本质上，它包含了组织的发展过程，并寻求将信息技术所提供的对数据和信息处理能力以及人的发明创造能力两方面进行有机的结合。"②

Elias Safdie 和 Ray Edwards（1998）认为："知识管理促使人、过程及技术完美地结合起来，以使组织机构中与信息相关的成分，变成能为企业带来价值、优势和利益的直观动态的知识财富集合。知识管理是一种文化、生活的方式或者说是一种做事的方式。"③

国内也有很多学者也积极研究"知识管理"的发展和在企业中的运用，并把它引入学术界，提出自己对"知识管理"的看法。

杨梅英着眼于"知识管理"对企业创新能力的作用，认为："知识管理

---

① Drucker P F. The coming of the new organization ［J］. Harvard Business Review 1988. January-February. 3 – 11.

② Yogesh Malhotra. management for the new world ofbusiness. wwwbrint. com/kmlwhates. html1, 1998.

③ Elias Safdie, Ray Edwards . Knowledge is for Government and Business. Government Issues Whitepaper, l998. 10. 31.

是指通过对企业知识资源的开发和有效利用以提高企业创新能力，从而提高企业创造价值能力的管理活动。"①

邱均平研究了企业"知识管理"的过程，认为："对知识管理的概念可以从狭义和广义的角度来理解。所谓狭义的知识管理主要是对知识本身的管理，包括对知识的创造、获取、加工、存储、传播和应用的管理；广义的知识管理不仅包括对知识进行管理，而且还包括对与知识有关的各种资源和无形资产的管理，涉及知识组织、知识设施、知识资产、知识活动、知识人员的全方位和全过程的管理。"②

汪凌勇也从企业"知识管理"的过程进行了论述："知识管理是个人、机构对知识资产和知识相关过程的管理，是对创造（发现）知识、保存知识（编码化）、传播（共享）知识和使用知识等一系列活动行为的管理，其目的是促进学习与创新，提高组织竞争力。"③

杨鹤林提到了"隐性知识"和"显性知识"的概念，并且意识到了这两种知识之间进行转化的意义，他认为："知识管理是通过对知识的获得、存储、应用、流通过程进行管理，以提高知识获得和应用的效率为重点，实现提高知识效用的工具、手段及方法的组合。进行知识管理的最终目的就是通过个体彼此间的协作过程创造知识、共享知识、利用知识，并将知识直接作用于提高群体效率和竞争力，因此知识管理的核心及重点是创造一种隐性知识和显性知识互动的机制和平台，通过隐性知识的表述转化成不断积累和共享的知识库，机构的每一个成员通过共享这个知识库来不断学习和成长。"④

不同学派从不同的角度对"知识管理"给出了着眼点不同的定义：

技术学派认为，"知识管理"就是对企业所创造的知识和信息的管理。

行为学派认为，"知识管理"就是对创造知识的人的管理。

综合学派则把两者结合起来，认为知识管理要对知识信息本身和知识信息的创造者进行管理，还要将二者联结起来进行系统管理，知识管理要将信

---

① 杨梅英. 知识经济与管理创新 [M]. 北京：经济管理出版社，1998（4）：87.
② 邱均平，段宇锋. 论知识管理与竞争情报 [J]. 图书情报工作，2000（4）：11－14.
③ 汪凌勇. 知识管理：理论研究与实践思考 [J]. 图书情报工作，2004（4）：28－31.
④ 杨鹤林. 个人知识管理理论与实施研究 [D]. 广州：华南师范大学硕士学位论文，2005：20.

息贮存传递和共享能力与人的创造力结合，增强组织对知识经济的适应能力。①

可见，"知识管理"从其概念产生之初，就具有十分丰富的内涵：

从"管理"维度，强调保存、发现、传播和共享知识，更强调创造知识；

从"知识"维度，研究显性知识、形式知识，更重视研究隐性知识、暗默知识，研究个体知识，同样重视群组知识；

从"过程"维度，研究静态知识，更重视研究各类知识的动态发展，以及两类知识之间的转换机制。

二、"知识管理理论"的研究流派

国内外学者们对知识管理的研究有很多分类方法，影响比较大的有，根据知识管理的对象不同而区分的三学派分法和根据对知识特性的假设不同而区分的四学派分法。根据研究者的学术背景和研究旨趣，笔者认为可以将三分派和四分派结合起来，用下面的分法：

即技术学派、行为学派、过程学派和综合学派。②③④

（1）技术学派。认为知识管理就是对知识信息本身的管理。这一学派的研究者往往具有信息科学的教育背景，他们对电脑管理系统、人工智能兴趣盎然信心十足。对他们来讲，知识等于要处理的信息物，数字时代任何知识和信息都可以在信息系统中被标识和处理。比如金吾伦的《知识管理：知识社会的新管理模式》，王德禄的《知识管理的 IT 实现：朴素的知识管理》等。

（2）行为学派。认为知识管理就是对人的管理。这类研究者一般具有哲学、社会学和心理学的教育背景以及商业组织管理的实践经验，他们对知识创造者的知识基础、知识运用能力以及对知识创造过程的评估或改进充满兴趣。对他们来说，知识的价值产生于知识运用过程，知识创造能力的提高

---

① 孟丁磊．国内知识管理理论的发展 [J]．现代情报，2007 (8)：16 – 18．
② 孟丁磊．国内知识管理理论的发展 [J]．现代情报，2007 (8)：16 – 18．
③ 周敏．跨组织知识管理理论与方法研究 [D]．武汉：武汉理工大学，2006：6．
④ 彭锐，刘冀生．西方企业知识管理理论：丛林中的学派 [J]．管理评论，2005 (8)：58 – 62，64．

是一系列复杂的、动态的安排。代表人物和作品有邓文彪《企业核心利润理论和应用》，侯贵松的《知识管理与创新》等。

（3）过程学派。过程学派认为知识管理就是对知识流动过程的管理。研究者具有丰厚的组织管理研究的学术背景，他们又十分乐意跟踪研究著名企业的知识管理案例，对这些著名企业的知识管理的丰富实践进行了深入的研究。他们创造了"知识流"（knowledge flow）的概念，着重研究"知识流"所经历的阶段，将知识的产生、分享、扩散等整个过程纳入研究的视野，认真识别企业组织知识管理过程中的知识活动关键节点的流动方式和流动特征。过程学派认为，知识的价值正是在知识各个阶段之间流动的过程当中体现出来，并不断被放大。知识的创造、知识的传播和知识的应用，都指向组织知识创新的目标。野中郁次郎和竹内弘高提出的知识转化理论和知识创造的螺旋模型，是过程理论的集大成者。

（4）综合学派。认为知识管理是对知识和知识的创造者的双重管理，要将知识信息和人联结起来进行系统管理。知识管理的任务，就是要挖掘知识创造者的知识处理能力和创造能力，增强企业组织对知识经济时代的适应能力。这些专家学者具有丰富的经济学和管理学知识，又具有很高的信息技术水准，他们联结着技术学派和行为学派两个学派，也推动着彼此的相互沟通和学习，进而融合为综合学派。代表人物和作品有乌家培的《知识管理日趋重要》、邱均平的《知识管理学》和王方华的《知识管理论》等。

笔者倾向于过程学派，认为知识管理是知识生产知识创造的螺旋。知识管理需要组织系统中知识管理结构的支撑，要建立一个知识交流的文化空间。知识管理以对知识的创造者为管理主体。知识管理不是目的，知识管理的目的是通过管理实现知识创新。

三、教育视角里的知识管理研究

通过对知识管理研究流派的梳理发现，早期的知识管理研究者鲜有从事教育研究背景的人的涉足，更少利用知识管理理论对教育现象进行研究的文献。教育领域是知识生产、知识传播和知识创造的大本营，对知识管理的研究本应属于教育研究的应有之义。从知识管理研究发展的历史来看，最早的研究始于90年代初，发端于管理学领域，后在企业管理中被实践研究发扬光大，被用于研究教育现象则开始稍晚，研究成果在二十世纪初开始大量出现。

在欧洲，英国教育界比较早地开始了这项研究。英国剑桥学者哈格维斯是比较早的涉足者，他发表于 1999 年的《创造知识的学校》和发表于 2000 年的《教师和医师的专业知识之生产、媒传及应用：一项比较分析》先后引起人们的关注。前者对学校如何进行知识管理、知识传播和知识创造进行了研究，后者把知识管理引入到教师的专业发展领域。这两篇文献被认为是国外教育领域知识管理研究的经典文献。

"教育研究与创新中心"是隶属于国际经合组织的一个教育研究机构，这个研究机构十分重视知识管理理论在教育领域里的运用，团结和荟萃了一大批学者致力于教育领域里的知识管理研究。出版于 2000 年的《学习社会中的知识管理》论文集是这批学者致力于知识管理研究的一次集体行动。

在知识管理研究发展过程中，可以鲜明地感受到技术驱动的力量。计算机技术和教育管理的结合，使知识管理研究的"技术学派"应运而生。Educational Technology 是一个教育技术专业的英文杂志，这本杂志连续发表从教育技术的视角进行知识管理的研究论文，引领广大教育技术专业人员投身于这项前沿的研究，对知识管理研究的发展起到了十分重大的促进作用。

美国是知识管理研究的重镇，比较早地建立了知识管理研究协会，一些非营利性机构也致力于这项研究，比如旧金山湾地区和硅谷知识论坛。全美第一次教育领域的知识管理研究峰会于 2002 年在旧金山举行，峰会上一大批学者将研究的视野投向了学校的知识管理。峰会主席皮特瑞兹提交的论文《教育领域里的知识管理：范畴》就是这方面的代表作。之后关于知识管理的很多文献，讨论了教育领域知识管理的众多问题：远程教育、终身教育、教育技术的整合等。①

台湾地区教育领域里的知识管理研究紧跟世界潮流，研究也比较深入，也出现了影响比较深远的代表著作。台湾实践大学的高博铨教授发表于1999 年的《强化知识管理以提升学校效能》一文拉开了这一领域研究的序幕。中正大学的王如哲博士发表了《知识管理的理论与应用：以及教育领

① 韩陈冲. 个人知识管理理论与具体实施研究 [D]. 南京：南京师范大学，2007：3 - 5.

域及其革新为例》，研究的深度、广度、创新性和影响力都堪称经典之作，之后台湾教育界掀起了知识管理研究的热潮。①

大陆教育领域的知识管理的专门研究起始于刘毓的《学校"知识管理"探微》（1998）一文。直到 2006 年的十年间，发表于核心期刊上的关键词为"知识管理"的文献，逐年上升，2006 年更是达到峰值的 429 篇，但这些文献中关于学校知识管理的却非常稀少：从 1995 年至今也就 10 篇左右。

大致可以将这些研究主题归结为三类：

（1）从教育技术专业学科角度对教育领域知识管理的探索研究；

（2）从图书情报学科专业的视角对教育领域知识管理的探索研究；

（3）从教育管理或教育组织行为学专业的视角对教育领域的知识管理的探索研究。

四、作为知识管理"过程学派"的 SECI 知识创造模型

日本的野中郁次郎（Nonaka）和竹内弘高（Takeuchi）认为，西方关于知识的哲学观念，对组织管理理论学者产生了深远的影响。笛卡尔学派将主客观、认知者和认知对象截然分开，在这种哲学观念指导下，组织就被看成了仅仅是一种信息处理的机制。按照这一观念，组织的功能只是对来自外界环境的各种信息进行管理，以便适应迅速变化的周围环境。

野中郁次郎（Nonaka）和竹内弘高（Takeuchi）认为，从实践角度，这一观点在解释组织是如何工作方面是有效的，但是却存在一个根本的缺陷，这种观念不能真正解释创新过程。当组织进行创新活动的时候，并不是简单地对外部信息进行处理，而是由内而外的创造新知识，以便在新信息的基础上提出解决方案，这个过程也是对所处环境进行了重新创造的过程。②

野中郁次郎和竹内弘高创造了组织创造知识的新理论，揭示了知识转化和创造的过程。他们理论的基石是建立在暗默知识与形式知识的区分之上的。

他们首先讨论了"知识"与"信息"的不同。

---

① 韩陈冲. 个人知识管理理论与具体实施研究［D］. 南京：南京师范大学，2007：3 - 5.

② ［日］竹内弘高，野中郁次郎著，李萌译. 知识创造的螺旋［M］. 北京：知识产权出版社，2006：45.

（一）知识与信息的区别

野中郁次郎和竹内弘高讨论了"知识"与"信息"之间的相似处与不同处，首先三个事实比较清晰明了：

第一，与信息不同，知识与信念投入密切相关。知识所反映的是一个特定的立场、视角和意图。

第二，与信息不同，知识是关于行动的概念，知识是为了某种目的而存在的。

第三，知识与信息均与含意（meaning）有关，知识具有依照特定情境而定的特征，而且显示有关联的属性。①

在组织的知识创造理论里，野中郁次郎和竹内弘高采用了传统上"知识"的定义：即"经过验证的真实信念"。和西方传统认识论更重视以"真实"作为知识的基本属性不同，他们更强调知识的实质是"经过验证的信念"，认为"知识"是人际间个人信念朝真实的方向实现验证的动态过程（a dynamic human process of justifying personal beliefs toward the "truth"）。认为"信息"是信息流，信息虽然区别于知识，但知识则是信息流所创造的，随着被验证的过程沉淀在拥有者的信念和投入当中。就讲话者的"意图"和"投入"而言，语言与人类行动具有密切的关系。作为组织知识创造理论的重要基础，他们强调由深植于个人价值观体系中的"投入"和"信念"这些词语所表现的积极和主观的知识属性。

最后，信息和知识，两者均依赖于特定的情境而存在，其动态发展与人类社会互动中的一种动态创造情境有关。伯格和阿克曼（Berger and Luchman）主张，在某种历史和社会情境里，那些相互作用的人能够根据共享的信息建构社会知识，将其作为一个现实，反过来，这是现实对他们的判断、行为和态度产生影响。同样由企业领导人的模糊战略所展示的企业愿景，使组织内通过成员以环境之间的互动所构成的知识，然后反过来又对其业务行为产生影响。

---

① ［日］竹内弘高，野中郁次郎著，李萌译. 知识创造的螺旋［M］. 北京：知识产权出版社，2006：47.

(二) 创造知识的两个纬度：存在论维度和认识论维度

在管理学领域里，人们可以找到卷帙浩繁的关于知识重要性的论述，但是关于知识如何被创造出来、怎样管理创造知识过程的这些方面的研究却寥若晨星。野中郁次郎和竹内弘高提出一个框架，将传统和非传统的知识观综合成组织的知识创造理论，这个框架有两个纬度构成——存在论纬度和认识论维度。[①]

存在论维度。从严格意义上讲，所有的知识都是由个人所创造的，组织不能创造知识，但可以为个体的知识创造过程提供支撑因素和创造情境。因此我们谈论组织的知识创造的时候，实质上谈的是个体所创造的知识经由组织层面被放大并且最终被结晶为组织知识体系的一部分。个体创造的知识经由组织扩大并结晶的过程，超越了组织的层级与界限，在一个更大的互动社区之内发生。

认识论维度。迈克尔·波兰尼（Polany）将知识区分为暗默知识与形式知识两种，野中郁次郎和竹内弘高采用了这种分法。形式知识，是以语言文字、数字公式、声音图像等形式表示的知识，可以用数据曲线、科学原理、曲谱图像、使用说明书或者备忘录等形式进行表达和分享，这种知识可以非常方便地用知识本身固有的形态或者系统结构传递给别人。

暗默知识是没有具体形态的知识，看不见摸不着，非常难以用语言表述出来，因为它具有高度个人化的特点，难以具象化。想通过具有公众性的语言表达方式来交流和分享暗默知识是非常困难的。人们有时用人的主观直觉和预感来表达暗默知识，说明了这种知识强烈的个人色彩，与切身经验紧密联系，被赋予了个体价值观和强烈的感情色彩。

暗默知识也可以分为两个层面：

第一是技能、技术层面，具有非正式和难以明确的特点，人们常常称之为秘诀和绝活，例如大师级工匠和星级大厨对个人技能了如指掌经验老到，但是常常难以将日积月累的绝活背后的技术含量和科学内涵表达出来。

第二是认知层面，包括心智模式、情感态度、理想信念、世界观、价值

[①] ［日］竹内弘高，野中郁次郎著，李萌，高飞译．创造知识的企业［M］．北京：知识产权出版社，2006：67 - 81．

观等，这些认知因素更加根深蒂固。有时我们认为是天经地义理所当然的事情，往往很难表达出来，但这些属于暗默知识的认识，却始终影响我们对周围世界的感知方式。

波兰尼主张，人类乃是通过积极的对自身体验进行创造和组织的形式来撷取知识。因此，能够以文字和数字形式表示的知识只是全部知识的冰山一角。

正如波兰尼所说："我们所知道的比能够说出来的要多。"①

在传统的认识论里，知识源自作为知觉主体的人类与认识客体之间的分离。人类作为知觉的主体，经由分析外部客体而获得知识。波兰尼则认为，人类是通过自身成为客体的一部分，即通过自我包含（self-involvement）和投入，和像波兰尼所称的"寓居"（indwelling）的形式创造知识的。倘若了解某件事物，人们就要通过对具体细节进行暗默的综合创造该事物的意象和模式，为了将模式作为有意义的整体来理解，人们必须让自己的身心与具体细节融为一体。"寓居"打破了主观与客观、意识与身体、理性与感性以及认知者与被认知者之间的两分法。因此科学的客观性，不再成为知识的唯一来源，其实我们所拥有的大多数知识是我们自己在与世界打交道时刻意努力的果实。

(三) 知识转换的四种模式

哲学史上，西方人青睐于形式知识，而东方人则偏爱暗默知识。

随着哲学的发展和东西方哲学观的融合，人们发现两种知识是彼此互补的，并非像原来东西方各执一端的分离状态。人类的知识创造活动离不开形式知识，也离不开暗默知识，知识创造的动态模型表达的正是两种知识之间的相互作用，这种相互作用可以被称之为"知识转换"。知识转换虽然发生在个体之间，但又是一个不局限于个人自身的社会化过程。

知识创造理论认为，通过知识转换的过程可以产生新知识。暗默知识与形式知识之间的相互转换、相互作用可以创造出新知识。经过长期的研究，

---

① ［英］迈克尔·波兰尼著，许泽民译. 个人知识 ［M］. 贵阳：贵州人民出版社，2000：83.

野中郁次郎和竹内弘高推定了知识之间相互转换的四种模式：①

（1）知识的共同化，从暗默知识到暗默知识；

（2）知识的表出化，从暗默知识到形式知识；

（3）知识的联结化，从形式知识到形式知识；

（4）知识的内在化，从形式知识到暗默知识。

其中三种知识转换形式，即共同化、联结化和内在化，在组织理论中，已经从各种视角得以表述。例如共同化与集体过程和组织文化等诸多理论有关联；联结化则根植于信息处理的理论；内在化与组织学习有密切的关系。然而在某种程度上，知识的表出化过程在以前被忽略了。

1. 共同化，从暗默知识到暗默知识

共同化（mutualization）是在一定情境下的体验共享。这里所共享的是秘诀、技能和心智模式之类的暗默知识。共享的过程是观察和模仿，不经过语言，也无从用语言来表达。学徒工向师傅学习，师傅一般没有语言的明示，而只有行动的暗示这种默契的知识传递方式。在商业场合下，在职培训基本上是利用同样的道理。暗默知识得以传递的关键是领悟和体验，如果没有心有灵犀的领悟和体验，学徒工无法将自己设身处地于师傅的思考过程之中。

2. 表出化，从暗默知识到形式知识

表出化（externalization）是将暗默知识明示为形式知识的过程。因为暗默知识具有看不见摸不着的特点，非常难以具象化，通常采用比喻、类比、假设和模型的形式将暗默知识表述出来。这个阶段是知识创造过程的核心阶段，是知识创造的精髓。暗默知识虽然难以用语言表达，但还是可以通过对一个意象进行概念化或者比喻、类比的方式来表述。可是言语表现常常不一致和不充分，然而这种形象于表现方式之间的不一致和差异，对鼓励反思和个体之间的相互帮助很有帮助。通过表出化完成暗默知识向形式知识的转换是一个创造概念的过程，这个过程常常被置于集体反思和群体对话的情境中，充满魅力的比喻和勾连双方的类比，能起到非常强烈的驱动作用，新的

---

① ［日］竹内弘高，野中郁次郎著，李萌译．知识创造的螺旋［M］．北京：知识产权出版社，2006：47.

形式知识由此而产生，然后进入一个严密的逻辑模型里，用系统的语言和清晰的逻辑进行缜密的表达。不过在企业经营的场合里，模型常常只是概括性的描述，会用图形来表示，远未达到完全具体化的程度。

3. 联结化，从形式知识到形式知识

联结化（combination）是将表出化所创造出来的概念组织成知识体系的过程。这一阶段的知识创造模式，主要通过一些具体的媒介将不同的形式知识综合起来。这些媒介包括会议培训、文件规划、工作措施等。对形式知识进行综合的方式包括删减增补、梳理调整、合并分解和信息重组。在学校里，常常是通过校本培训和会议沙龙的形式进行的。

4. 内在化，从形式知识到暗默知识

内在化是形式知识内化为暗默知识的过程，也可以称之为是形式知识体现到暗默知识的过程。这个过程可以表述为"做中学"。"做"指的是共同化、表出化和联结化三个过程的实践，"学"则是对共有心智模式和技术诀窍的潜移默化的体验和共享。这种内化过程当中的鲜活的个性化体验，是非常有价值的资产。形式知识内化为暗默知识的体验，经过分享成为所有成员的集体智慧，从而激发新一轮知识创造的螺旋。

野中郁次郎和竹内弘高指出，在形式知识到暗默知识的转换过程中，如果形式知识能够"文档化"或者表达为口述故事的话，将对知识的传递和创造非常有利。因为文档化便于传递，便于他人间接的体会。体现为一个成功的口述故事，可以使成员身临其境设身处地进入到一种暗默心理模式。凝固为文档手册和口述故事，更易为大多数成员所共享，暗默知识便逐渐成为组织文化的一部分。

第二节　基于"SECI知识创造模型"的
课堂改革过程转化机制

课堂是如此复杂的场所，每一个学生都是一个世界，当教师、教材和学生在课堂相遇时，不同的教师、不同的教材内容和一群个性各异的孩子将会演化出丰富到无以复加的不同场景。

课堂教学就这样随时间展开，每一天，教师、教材内容和学生，又在不停地变化中。

课堂里的当事人永远处于对话之中，学生要和教师对话、和教材对话、和自我对话，在对话中成长。[①]

在这样的课堂教学的描述中，我们感受到了维持某一种课堂样态的困难。事实上，这种僵化的、呆板的、拒绝对话的课堂恰恰是一种当下常态，因为沿袭而来，似乎天经地义。在实地探访、考察课堂改革案例校时，研究者一直带着这样的问题：案例校已经发起的课堂改革的过程是什么样的？过程背后的机制是什么？

一、体验共感：共同化机制（暗默知识—暗默知识）

笔者选择的两所案例校 ZT 中学和兴义三中，都是处于置之死地而后生的被迫改革的局面，而且他们都是选择课堂改革作为学校整体改革的突破口。

一旦下决心进行课堂改革，马上要做的第一步工作就是找准改革的方向，这个方向的选择至关重要。是自行摸索、摸着石头过河，寻找自己的课堂改革方向，创立自己特色的课堂模式，还是寻找一种比较符合自己校情，又符合自己教学理念办学思想的、成熟的课堂教学模式，然后进行模仿，站在巨人的肩上摘星星，这是不同的路径。但是不管哪一条路径，都存在这样一个问题，就是全校教师要达成一种共识，这个共识直面课堂存在的问题，进行课堂改革，在改革中探索新的课堂教学模式。

领导者的"暗默知识"，必须和广大教师体验和共享，心有灵犀，成为教师的课堂实践的"暗默知识"。无论哪一种类型的改革启动方式，第一步工作都必然是，消除质疑，达成共识，上下一心，形成合力，坚定改革。

（一）ZT 中学：在原生态的环境里体验共感

TZ 中学的道路，就是首先去借鉴成熟的课堂教学模式，借异质教学模式改革促进教学观念的变化，进一步建立新型的教学关系，然后逐步借教学实践升华为具备本土特色的模式和个性的风格。

模仿别人的固定教学模式，会因为"模仿"而遭受质疑：模仿意味着

---

① ［日］佐藤学，钟启泉译. 学习的快乐——走向对话［M］. 北京：教育科学出版社，2004：38.

亦步亦趋，模式意味着固定套路，意味着僵化，意味着结构统一。反对者就会比较容易抓住攻击点，比较容易以现代教育理念之名反对改革。

所以，如何在充分调研现状的基础上顺利启动，是他们反复思考的问题。

1. 现状调研

9月1号以后，我在很短的时间内把所有老师的课听了一遍。觉得有意思的课再去听一遍，相中的没几节课，都是一味讲授，自己看上的老师真的是寥寥无几。【访谈ZT中学MF校长　2018年1月26日】

改革的启动往往源于对现状的不满。但如何去改革？方向在哪里？路径是什么？需要一个谨慎的决策过程。

课改是从2013年5月份开始进行的。有很多推进课改的学校，比如学杜郎口的，学即墨28中的，学河北的会元中学的，等等，这些学校我们都去了解了，当然也包括我们一直在坚持的西峡第一高级中学的疑探教学。比较完之后，认为我们学校更适合疑探教学这样一个方向。直到2013年的9月份才开始全面推行，这就是中间的决策过程。【访谈ZT中学教务主任LJL　2018年1月26日】

2. 找到学习对象　建立联系随时请教

每一所学校的课堂改革，都是在广泛的学习、反复的比较之后敲定的。有的十分艰难，有的却有"蓦然回首"之感。找到一所和自己的办学理念心有灵犀的课改名校去学习、去模仿，才能迈出课改的第一步。

正好赶上一个机会，我去了西峡。和建磊跟着一个做教育培训的团队去的，到西峡的五里桥初中，到那去听课。李青峰的学校，一看课堂眼睛一亮，后来我就跟建磊说，这就是我理想中的课堂。学生学习状态非常好，非常积极。老师讲的也不是特别多，实际上就是以点拨追问的形式完成教学的，他讲得非常精当，就是讲的疑难处、讲的不会处，后来我跟建磊说，我真是喜欢这种课堂教学模式。【访谈ZT中学MF校长　2018年1月26日】

我们到那一趟，一看课堂，学生那种表达能力，那种组织能力，尤其是对学科知识的理解能力是我们学生达不到的。这个过程我们也看到了，这不仅仅是学生的表现，更多的是在这个过程当中学会了一种思维的能力，一种发现、解决问题的能力。另外，在这过程当中，老师更多的是在这个过程当中激发学生、点燃学生，老师肯定也有所提升。所以当时就决定了推行，就以这个为抓手，去尝试进行课堂教学改革。【访谈 ZT 中学教务主任 LJL 2018 年 1 月 26 日】

和课改学校教师建立联系，随时请教，是一种迅速对接暗默知识的方法，也是要把课改坚定推行下去的态度。

当时跟教研组长说，到西峡的教研组长要和对方教研组长单独联系。这些教研组长都跟他们碰了碰，留下了电话或者 QQ 等联系方式。【访谈 ZT 中学教务主任 LJL 2018 年 1 月 26 日】

3. 营造课改氛围，形成共识 课改本身就是凝聚力

改革的发起者，从一开就考虑到了阻力，也想到了改变思想观念的办法。

我说，我先把几个教研组长派过去学习，然后跟建磊说，你们带着一个任务过去，你得想办法把这几个教研组长请起来，让他们认可这种教学模式，然后我们才能够落实学习的事情。【访谈 ZT 中学 MF 校长 2018 年 1 月 26 日】

老师和教研组长前期先去等于达成一种共识，认为西峡的这种方式怎么样。那些一块去的教研组长有 80% 认为西峡的这种模式对我们学校来说，学起来应该比较顺手，又符合我们的校情。教研组长就跟各个老师私下交流，这个模式能够提升学生的成绩，也能够提升咱们的成绩。大家可以先了解了解。【访谈 ZT 中学教务主任 LJL 2018 年 1 月 26 日】

马上作出决定，立即行动，行动必须得有学校中坚力量的共识力，毕竟一个学校要改革，如果仅仅是上层认识到这个，推行肯定会遇到很多的阻力，尤其是来自老教师的阻力。首先让学校的中坚力量认识到课堂教学改革的重要意义。回来之后，首先从学科的专业力量入手。先入手的就是教研组长，因为教研组长在学校有自己的影响力、权威性。我们就决定带着教研组长去一趟西峡，当时我带的是六个教研组长，又第二次进入西峡。【访谈 ZT 中学教务主任 LJL 2018 年 1 月 26 日】

课改事大，事关学校兴衰。当时也会发现，一旦真心实意地抓了课改，却发现了另一层收获，那就是，课改本身就是一种需要挖掘的集体凝聚力。

刚刚来听老师课的时候，会发现学生不在状态，还有睡觉的，整个课堂非常沉闷，在课堂上也不爱发言，老师基本上在课堂上讲自己的，课堂氛围不太活跃，所以就想改变学校的现状。怎样去改变这个现状，肯定有一个抓手，不能说咱们要改变现状，提升教师的专业发展，天天这样去说，那是空的。只有通过共同做一件事，才能让老师在做这件事的过程当中慢慢去提升。到目前为止，各个学校的发展能够通过共同做一件事达到提升目的的，只有课改这条路。只有做这样一件事，才能真正让大家在一块共同进行学习。【访谈 ZT 中学教务主任 LJL　2018 年 1 月 26 日】

4. 参观考察，通过上课实现新课堂暗默知识的共同化

（1）参观考察，在考察学校借学生上公开课

第一拨回来以后，"十一"期间让他们自己消化。过了"十一"，第二周或第三周开始上汇报课。汇报课安排的时间都是第七节，或者是一个相对集中的时间，让所有的老师都能听。大家去观摩，第一拨十个人，就是安排十个课，第七节第八节上，然后让所有老师尽可能来观摩，然后让他们谈感受，这样分享做得很扎实。11 月份我们派了第二拨去。我们学校老师不是特别多，一共是 30 多个，而且派的主要是语、数、外、物、化、史、地、政、生 9 科。【访谈 ZT 中学 MF 校长　2018 年 1 月 26 日】

当时听西峡的那些课，听完之后就让老师们上了一节课，当然我也上了，德育主任管淑娟也上了，这是在西峡。西峡的学生已经自动化了。即使随便去一个老师也能上，因为学生可以领着老师去讲。回来之后，我们的教研组长要进行引领，培训学生。先自己上节课，当时给定的任务是自己上一节西峡那样的课，照葫芦画瓢也好。第一节课我还记得照葫芦画瓢，那时候还没有评价。上第一节课我记得很清晰，上完之后，其他教研组长再去上。【访谈 ZT 中学教务主任 LJL　2018 年 1 月 26 日】

每一个教研组长必须在那儿上公开课，回来之后必须在本校内再上一节。在那儿上的是利用他们的学生，你去感受，去领悟，不是光听，得实践操作。我们叫"临渊羡鱼不如退而结网"，当然你听着很好，但亲自上了怎么样呢？必须亲自上。【访谈 ZT 中学教务主任 LJL　2017 年 11 月 9 日】

（2）通过揣摩课例实现新课堂暗默知识的共同化

人家学校的学生是自动化的，不一定代表老师的水平，回到我们学校必须得上。回来之后，我也身先士卒，第一节是我上的，然后才是其他的老师

上。第二节课是英语教研组长上的，第三节课是物理教研组长上的。上完之后，要跟老师介绍在西峡感悟到了什么，应用到我们学校应该怎么做。【访谈 ZT 中学教务主任 LJL　2017 年 11 月 9 日】

我跟 LJL 主任说，那边卖一些光盘，都是很原始的那种，就是实录课，你去的时候，分学科买过来一些，然后给老师做一个前期培训，让老师明白，这种课老师上了，为什么这么上？这几个环节，设疑自探，解疑合探，质疑再探，最后是拓展。带着这些老师，每个学科给大家讲"设疑自探"怎么回事，"质疑再探"怎么回事，反正是倒腾流程，倒腾清楚。【访谈 ZT 中学 MF 校长　2018 年 1 月 26 日】

（3）现场考察，默会共感，特别强调现场感

9 月份去的第一拨，10 月份消化吸收，然后 11 月份派的是第二拨，又派出了 10 多个。这样一个学期下来，基本上都去了。所有的老师这九个学科全员培训就完成了。到后期我们能自己培训了，这绝对没问题了，还是让他去感受，让他去看看人家那种原生态的课堂怎么样，怎样去做。【访谈 ZT 中学 MF 校长　2018 年 1 月 26 日】

去了还要在人家的课堂上讲课。对，就是弄斧到班门，你要感受这种文化是从哪来的，我们这种模式，这样一个学期做下来以后，当时就感觉到磕磕绊绊，不是那么顺畅，有好多东西老师也不是特别清楚，比如如何有效地提问，怎么样让学生提出有价值的问题来，到现在也是一个难点，这非常不容易。学生得训练有素，这个老师如果没有这种问题意识，完成课堂目标的方法策略也是很难的一件事情。【访谈 ZT 中学 MF 校长　2018 年 1 月 26 日】

然后各个学科的老师开始分批去西峡，10 月份去了一批，11 月份去了一批，到了最后元月份又去了一批，这就把我们学校的所有老师全都派到西峡，让老师们去经历原生态的课堂。【访谈 ZT 中学教务主任 LJL　2018 年 1 月 26 日】

北京市 ZT 中学和考察学习的目标校河南西峡第一高级中学相距一千多公里，每次考察学习都要坐十个多小时的火车。学校深知确立恰当学习目标的珍贵，也懂得课改知识中缄默知识共同化的艰难，他们在不畏艰难的三番五次花样翻新的取经学习中，一点点取得真经，以弄斧到班门的勇气，在西

峡一高借教室利用人家的学生举行公开课，获得切身感受，消除改革的意见障碍，直切课改知识的核心部位。通过返校后的一轮轮切磋琢磨，在最大程度上和最关键教师身上，达到了课堂改革知识的"共同化"。

（二）兴义三中：在原创的模式里挖掘潜藏的暗默知识

兴义三中的道路就是自行摸索。虽然费时耗力，付出的代价比较大，时间成本比较高，但是他们的方向感比较强。

推动一项改革，首先从解决思想问题开始，解决思想问题，需要用一种不同寻常的推动方法。ZZX 校长的解决之道，没有回避矛盾，正是找准了问题的焦点，然后就从"焦点问题"开刀。解决了焦点问题，其他问题就迎刃而解了。

1. 调研考察

我们还是要找一些参照的东西，要学习人家的一些东西。所以 ZZX 校长就带着我们几个从事课堂改革的人到全国各地走了走。比如说到了湖北、山东、河南这些地方。去看看人家课堂上怎么弄的。到过山东的昌乐二中、杜郎口，到过河北的衡水中学。觉得那些在形式上都是这个状况，我说，我们也用来试一试看看，但照搬照抄人家也不行，我们就根据自己的路子来创新。【访谈兴义三中教师专业委员会 CFC 主任　2018 年 1 月 18 日】

2. 达成共识

兴义三中用一种特殊的方式达成了校内课堂改革的共识。

我想了一招，如果把这些老师带到那边的学校去看，那么老师肯定会说，人家的学生比我们学生优秀，所以人家可以调动起来，我们调动不起来，推得一干二净。因此，我就到兴义中学，组织六个老师过来。选六个学科，以教研组为单位，让我们老师上一节，他们上一节，我们的老师先上，你们想怎么上就怎么上，按你们原来的上，他们的老师再来上。（同课异构）他们是我们精心选拔来的，肯定有个技巧，我肯定找的是最好的老师，这个课一定要体现新的教学理念，怎么调动学生，怎么起承转合等，所以课堂气氛这方面是一点问题都没有的。

课上完后开始讨论。有一个老教师说，我们上课的气氛虽然不怎么样，但我们是完全按照高考的标准来上的，他们这个课堂氛围营造得非常好，但是讲得太浅了，这样来参加高考肯定是不行的。如果这样上的话，是要热闹呢，还是要高考的质量呢？我觉得可能还是应该要高考质量，所以我们还是应该把这个课上得传统一点，这个东西很管用。

他是个老教师，我觉得就从他下手。当时我用一句话把他呛回去，我说，你不要和我谈高考。最没有资格谈高考的就是咱们的教师。高考搞了这么多年，高考成绩在哪里？一个高考成绩都不好的学校，谈什么高考！我说，现在三中不要谈高考，谈什么？谈课改。我请我们的老师先把这个课堂气氛调动起来，让学生喜欢你的课，至于高考的事情，不是现在考虑的。

下次教职工大会上，我就把整个活动讲了，都说说我们三中为什么发展不起来，我们的学生生源差吗？你一直怪他们，那么就好比一个厨师总是嫌这个食材不好，总觉得别人的食材好，所以别人能够做高档次饭菜。那么今天就给我们上一堂生动的课，他凭什么能上？这个班成绩很差，人家来上这个课，学生搞得生机勃勃，课堂气氛这么活跃，我们自己的学生，自己玩不转，人家一玩就玩转是什么问题，肯定是我们的课堂出了问题。【访谈兴义三中ZZX校长　2018年1月21日】

消除思想障碍，是下一步达到课堂改革的缄默知识共同化的前提。该校的课改启动，具有薄弱校的特殊性，也具有所有学校进行改革必然遇到传统思维和多年习惯阻碍的普遍性。

3. 自下而上的课改启动路径

让各个学科组充分挖掘深深潜藏在教学实践中的课堂教学思想，放大课堂改革的因子。这是对教育本质的一种透彻理解，也是对教师的一种信任。当时这种不同寻常的课改启动路径，却是以"不信任教师"开始的。自己摸索学科特色的课堂新模式，也就是组内教师暗默知识和暗默知识的深入交流。

然后各个学科组，课究竟要怎么上，我们要不要有一个模式，他们对此模式也不清楚，可以去网上查怎么做，怎么来调动学生积极性，然后就开始学习，变成自己的模式，他们实验差不多，好的交给我们。当时呢，我们学校有九个模式，每个学科都有一个模式。进行模式论证，我们用了半年的时间。学校就下一个文件，确定你这个学科就用你这个模式，学校就用这个模式来对你进行检查。这样来做，第一，每学科都经历了探索的过程；第二，每学科有自己独特的东西；第三，这个东西毕竟是他自己的孩子。【访谈兴

义三中 ZZX 校长　2018 年 1 月 21 日】

成立起来干的第一项工作就是必须改革。怎么改革？我们就在专业委员会明确了，先让这十大学科在自己的教研组来论证，一个非常适合我们自己学校的学生的课堂教学模式。要求就是要达到"河翻水涨"，就是热闹，不死气沉沉，这样就弄起来了。弄好了就反复地论证，就有十大学科十个模式，这十个模式就统统拿来这里解读，拿来我们专委会，由我们集体来论证，感觉不合理的地方去调整，感觉可以的就用，这样经过了将近半年的论证，就定下来了。【访谈兴义三中教师专业委员会 CFC 主任　2018 年 1 月 18 日】

从自己的传统做法中去挖掘，既是一次对过去课堂模式的反思，也是一次面向未来的梳理。给予土壤、阳光和雨露，让老树发新芽。

我当时跟张主任说，我说你抱一个孩子给他，他可能觉得是别人的孩子就当球踢，而且他觉得这孩子不乖。这样课改不是麻烦吗？现在让他自己生一个孩子，他自己的孩子，他知道疼爱自己的孩子。这是你自己做的，我就按照这个标准来考核你。【访谈兴义三中 ZZX 校长　2018 年 1 月 21 日】

这半年论证了有多少次？每个星期的例会都要用来论证，每一周我们就有专门的专委会的例会，一个学期，大概就是一二十次了。这里就有十大学科了，所以我们就以学校名义发文。以文件的形式，就是说各个学科已经呈报上来的自己学科的教学模式，那么经过专业委员会的反复论证，通过以后就进行试用，就是要求上课必须按照这个来进行，你不按照这个进行的，我们研究绩效考核就一票否决，先这么弄起来。【访谈兴义三中教师专业委员会 CFC 主任　2018 年 1 月 18 日】

我们各教研组根据自己学科的特点和我们自己学校的学生的实际情况，自己来摸索，最后建立一套适合于我们自己的这样一套教学模式。比如说，以我们生物学科为例，当时我们就根据生物学自己的特点，在组内做了那个教学模式，叫三型四步法。【访谈兴义三中 YTS 副校长　2018 年 1 月 18 日】

二、培训研讨：表出化机制（暗默知识—形式知识）

改革正在进行，并逐渐深化，教师们对这种新的课堂模式，新的教学方法，有了深刻的理解。即使是深刻理解的东西，这也只不过是一种认识而已，是一种概念，是一种理性的知识。要把它落实为扎扎实实的课堂行动，成熟的课堂实践，达到知行合一，尚需要一个表出化的过程。新的理念和成熟的课堂行为之间的距离，需要用深入扎实的教育培训，直指人心不断研讨跨越。

（一）ZT 中学：关键人物引领下的全方位表出化进程

1. 尝试新的培训方式

团队指导，及时点评，精准答疑。

第一个学期结束了，课堂教学改革这块，老师有很多疑问我们解答不了。我们就邀请人家那边派出一个团队，给我们的教师进行了一次答疑活动。挑了几个当时做得比较成型的老师，每个人大概做了 15 分钟的展示，完了以后人家给点评。点评，最后答疑，弄了两天。当时人家的 XX 校长都来了，带着几个教师，他们的教学骨干，真的是给我们很大帮助。【访谈 ZT 中学 MF 校长　2018 年 1 月 26 日】

这次只是说课，说 15 分钟，然后评议。他们觉得收获很大，然后大胆设想了另一种更加深入的指导方式。

我说，第二学期做的差不多的时候，从那边请教师来我们的课堂听课，因为上次分享是没有学生的情况下，老师谈对疑探教学的理解，就提一些问题。我说，咱们再实践几个月，过了"五一"，请他们的教育团队来到课堂听两天课，然后针对这节课点评。开学就给老师布置，告诉大家赶紧地上课，按照这种方式上课，5 月份我们要从河南请来教学的教育团队，来给我们指导，我说，别到时候咱们上的什么，拿不出手，这对老师也是个促进，老师也是想把这个事做好。这样就把他的团队请过来，语文学科听我们六个语文老师，听一遍，有的人听两遍，听完了一节课，评议一节课，再听一节课，再评议一节课。就这样帮我们指导了两天。老师反响非常好，学校这么重视这件事，大老远把人请过来。后来老师有底气了，交流更密切了，从寒假之前把他们请过来就有一个交流，再来听课又更密切了。【访谈 ZT 中学 MF 校长　2018 年 1 月 26 日】

2. 挖掘校内智慧进行校本培训

充分利用学校资源，共同经历课堂改革知识的表出化过程。

2015 年以前，我们一直围绕这个课堂教学在做培训。有时是 LJL 主任去讲，他讲完了我讲，我觉得他讲到了我就不讲了，我觉得他没讲到我就去讲。有的时候是让教师去讲，给教师搭台，这方面认知有一个信息的输入、加工、输出过程，如果你总是给他灌，他这个"输出"没有，就闭塞了。比如说你做了一个事，做了一个学期了，你分享一下，你就得琢磨。我提前一个月跟你打招呼了，这就得看点东西了，琢磨琢磨梳理梳理。就是用"输出"，倒逼教师的"输出"，促进他们。【访谈 ZT 中学 MF 校长　2018 年 1 月 26 日】

10 月份，11 月份，12 月份，一个月一个月进行教师培训。针对课堂教学当中老师的一些亮点和问题，进行培训。让一些做得好的去说：我在"设疑自探"这个环节怎么做的，我在"解疑合探"这个环节怎么做的……比如说从流程上"提问"这块我怎么去处理的；还有学生小组合作，学生讨论，讨论跑偏了，重点不集中怎么办；还有就是课堂教学过程当中，学生明明听懂了，但是一考试又不会，这个要怎么弄的。让老师横地纵地去研究，一点一点地去揉搓，就像解剖麻雀那样，反复地把这个疑探教学里里外外的这点事，给倒腾清楚了。一直在做，雷打不动，这个校本培训我们一直做到了 2015 年底。【访谈 ZT 中学 MF 校长　2018 年 1 月 26 日】

课堂改革的暗默知识虽然难以用语言表达，但还是可以施加压力让教师通过对一个意象"倒腾"成概念或者比喻、类比的方式来表述。通过表出化完成暗默知识向形式知识的转换是一个创造概念的过程，这个过程常常被置于集体反思和群体对话的情境中。

3. 逼教师读书，抬高站位扩大视野

想尽千方百计，让教师在更高的理论水准上理解课堂改革，更娴熟地把新的课堂教学模式呈现在课堂中。

疑探教学到底是怎么回事？不是说看师傅练两把把式，就能会的，你得有这方面的积淀。我们从网上找了很多疑探教学的一些成果性的东西，把这些东西整理出来发给老师。人家的教案，现在看着非常粗糙，根本看不上眼，但当时我们当宝贝似的，印出来发给老师去学习。从 2013 年的暑假，我们开始整理疑探教学的学习资料，转发给老师，然后学习。从 2013 年 7 月份到这个学期，我们已经印了 10 本了，每学期寒暑假，给老师发 1 本学

习材料。【访谈 ZT 中学 MF 校长　2018 年 1 月 26 日】

又配发了系列的学习资料，刚才 M 校长给您的是第十了，那第一期的学习资料基本上就是以三疑三探为主，但是到第十期再也找不到三疑三探了。已经超越了。【访谈 ZT 中学教务主任 LJL　2018 年 1 月 26 日】

让老师去看这方面的文章，比如说自主学习、合作学习、探究学习。这也是这次课改的一个非常显著的特征。这些东西，不能够老从校长嘴里说出来，你不能够以传道者身份去说教，你得借助别人的嘴去说。换一种渠道，外来的和尚好念经。我们在书本上、资料上找"外来的和尚"，都是一些大和尚，所以我们一直坚持。

一开始没多少老师看。我们资料汇编后有一个学习感悟，千字文，每个后边都有，让老师写，都给他留着最后那一页，学习感悟，就是每学期要交的。而且老师看了要圈点勾画，然后我们来查。老师写的一些好的反思要分享，老师开始写的东西没有几篇可行的。第一次有两三位老师写得还可以，就印发给老师看，培训的时候让这些老师分享，把这种感悟谈出来。也是对大家的一个引领，第二次有五六个人写得不错，后来逐渐发展到个别人写得不好，差不多都能写出深度来。我能感觉到老师的成长和进步。【访谈 ZT 中学 MF 校长　2018 年 1 月 26 日】

4. "关键人物"加快课改知识的表出化进程

改革的这个阶段，特别需要校长之外"关键人物""课改英雄"的出现。他们对新的课堂模式领悟更快，从理念到实践的步伐更迅速，他们原本就娴熟的课堂艺术非常迅速地完成了新旧之见的对接。每一所案例校，都有这样的"关键人物"自发地涌现。

在 ZT 中学，教务处 LJL 主任就是这样一位"关键人物"。课堂改革抉择阶段他是校长的同行者，启动改革时他是培训的主讲人，深化课改他是校长和教研组长和教师之间的桥梁。第一堂课改"下水课"是他担纲进行的，以后深化改革的每一步，都可以看到他走在前面的影子。

第一次的校本培训，是 5 月份进行的。内容是三疑三探教学模式的简介，先说西峡的一些变化，然后再说西峡的基本操作模式，基本的操作流程。最后和几种教学思想做一个对比。第二次的校本培训，不仅仅让他们关注环节部分，首先要与理念同行。我一直强调做疑探教学改革不能仅仅只关注模式，而更要关注疑探教学背后的理念。第三次培训内容是学科的，全都是每个学科当中最优秀的，比如说设疑自探，我放的是地理的，解疑合探放的是语文的，到了运用拓展部分，我可能放的是数学的。关注整个模式，就是整个流程。不厌其烦地对老师们做整体模式的一个培训。【访谈 ZT 中学教务主任 LJL　2018 年 1 月 26 日】

要求各个学科教研组长把买到的西峡光盘领回去，给本学科老师播放光盘，随时停下，解释为什么在这个环节老师的活动是这样，学生的活动是这样，我们在课程当中应该注意什么。教研组长有专业知识。我虽然是一个主任，但有些专业知识我不懂，比如物理、英语，教研组长肯定懂，边播放边解释。我带头做语文的，结合我们的校情，我们的学生应该有什么样的活动。为什么用一个下午？一个视频 45 分钟，教研组长就要播放 3 个小时，在播放的过程当中，有自己的理解和自己的解释，当然各个学科不一样，数学播放了一个半小时，物理播放了 2 个小时 40 分钟，英语播放了 2 个小时 10 分钟。教研组有教研组的力量，学校不可能解决所有的问题，教研组要自己解决。【访谈 ZT 中学教务主任 LJL　2018 年 1 月 26 日】

每一个教研组长必须在那儿上，回来之后必须在本校内再上一节。在那儿上的是利用那儿的学生，你去感受，去领悟，不是光听，得实践操作。我们叫"临渊羡鱼不如退而结网"，当然你听着很好，但亲自上了怎么样呢，必须亲自上。人家学生是自动化的，不一定代表你老师的水平，回到我们学校必须得上。回来之后，我也身先士卒，第一节是我上的，然后才是其他的老师上。第二节课是英语教研组长上的，第三节课是物理教研组长上的。上完之后，要跟老师介绍在西峡感悟到了什么，应用到我们学校应该怎么做。【访谈 ZT 中学教务主任 LJL　2017 年 11 月 9 日】

榜样的力量可以提高教师改革的信心，先行者提供的路径支持，让犹豫不决者消除了疑虑。因为同在改革的阵营里，这些关键人物新课堂的出现过程，展示给其他的改革者，因为大家感同身受，领悟和同化的就更顺畅。对原来课堂模式的继承和新课堂模式的优越性所在，都会在鲜明、具体的呈现中默会。

（二）兴义三中：自上而下的改革知识表出化进程

1. 借助"比喻"，让课堂改革的方向更形象

ZZX 校长就有一句话，首先把课堂热闹起来，让学生喜欢学，叫"河翻水涨"，让学生不恹恹欲睡，要有兴趣。要达到"河翻水涨"就要有老师的因素，也要有学生的因素。那么就在课堂上进行，要改革，不要一包到底，就是不要用改革一言堂的方式。【访谈兴义三中教师专业委员会 CFC 主任　2018 年 1 月 18 日】

暗默知识虽然难以用语言表达，但还是可以通过对一个意象进行概念化或者比喻、类比的方式来表述。通过表出化完成暗默知识向形式知识的转换是一个创造概念的过程，这个过程常常被置于集体反思和群体对话的情境中，充满魅力的比喻和勾连双方的类比，能起到非常强烈的驱动作用，新的形式知识由此而产生。

2. 凝练成统一的模式，完成课堂改革"自上而下"的知识表出化进程

做了一年以后，我们就把大家摸索到的一些共同的东西，提炼成了"三中五环"。2015 年 3 月份才统一的，整个过程用了一年多的时间，这也是一个转换，把每一个学科组的模式统一到学校的"三中五环"中，但我都是吸收了各个学科的精华，加工梳理，变成学校整体的东西，是大家集体智慧的结晶。他们都觉得很好，这个过程，其实也是一个课改理念、课改文化深入人心的过程。所以现在我们除了个别的老旧，你问他们"三中五环"，都能讲得很好。【访谈兴义三中 ZZX 校长　2018 年 1 月 21 日】

问题就出来了。十个学科的教学模式是不一样的，有的学科是五个环节，有的学科是三个环节，有的学科是四个环节。授课的形式、环节都不一样，大家说，是不是我们搞一个统一的。2015 年的上半年，我们就把十个学科的教学模式反复研究、筛选，发现有很多环节是相同的，比如导学，准备是相同的；比如说让学生探究，然后再展示的这些也是相同的；还有老师进行点评的，点评环节也是相同的；还有最后的总结、反馈、拓展……我们就想是不是把这九个学科，把绝大部分相同的环节统一起来。提出这个问题后，大家好像一下子亮堂了。然后用将近三个月的时间进行整合，就整合成我们现在的五个环节：第一个目标导入环节，我们简称为"导"；第二个互动探究环节，叫"探"；第三个分层展示环节，叫"展"；第四个环节反馈点评环节，就是"评"；第五个叫巩固拓展环节，就是"固"。经过充分地论证过后，感觉可行，就让学校形成文件的形式，下发。【访谈兴义三中教师专业委员会 CFC 主任　2018 年 1 月 18 日】

3. 校内专家讲座培训

校内专家的学术讲座引领，邀请每个学术委员在课堂改革当中要写出自己经典的收获和体会，然后拿到全体教职工当中举行讲座，这是一个凝练升华课改理论的过程。倒逼教师对教学改革各种理论深入学习，促使要开展讲座的专家整理自我的课堂改革经验教训，对接课堂实践和课堂理念。

在课堂上的观课，就效果来看，非常好，学生活跃起来了，课堂上基本不会出现打瞌睡的，而且问题都是由学生自己提出来，老师来进行解答。这样对老师的要求就高了，学生提出的一些问题，老师解答不了。以前照本宣科地讲下去，就完事了。现在学生会发现问题了。那么老师跟老师之间是否会取长补短？是不是来切磋互相提升？我们除了请外面的专家来给我们授课，或者派老师到外面学习，还要求挖掘自己内部的力量互相交流来提升。【访谈兴义三中教师专业委员会 CFC 主任　2018 年 1 月 18 日】

一个折磨人的东西，我们每个学期一定要做一次报告，也就是我们校长称我们为专家，专家必须干点专家干的事情，无论你是思考课改，还是其他教学理论，每个学期你必须要做一个报告。我已经做了两三次了，主题有关于新课改的误区的，有如何做一个让学生既怕又喜欢的教师的，还有关于小组建设的。我们的教师大会，校长讲话的时间其实不多，每次结束讲个 10 多分钟，其他的时间还是有我们教师专业委员会的这些专家委员，去做这方面的报告，和全校教师交流，对自己教学改革的思考也是一个促进。这几年做下来，我觉得效果还是比较好的。【访谈兴义三中教务主任 YGJ　2018 年 1 月 18 日】

4. "走出去请进来"打开校门广泛交流

这两三年每个学期我们都带着"三中五环"的教学模式"走出去、请进来"，每学期至少有三次这种校际之间的交流。校际交流比较广泛，既有我们城区的学校，也有乡镇的学校，还有外州县的学校，甚至外省的学校。首先是进行教学交流。这个交流不是简单地上两节课就算了，一般情况下，首先跟对方联系确定好两到三个学科作为交流重点，安排"同课异构"，不是 PK，不是去比谁上得好，谁上得不好，不是这个意思，我们是看当这个模式离开我们学校学生的这一团体以后，到外校一个陌生的环境当中，这个"三中五环"还能不能够适应？【访谈兴义三中 YTS 副校长　2018 年 1 月 18 日】

在不断地走出去和请进来中，和外部教育同行的碰撞，是对自我课堂改革理念的一次次验证，也是一次次触发。让课堂改革的暗默知识，在反复的揉搓、对比和辩驳中，越来越清晰。

因为暗默知识具有看不见摸不着的特点，非常难以具象化，这种利用各种途径表述出课堂改革暗默知识的阶段是知识创造过程的核心阶段，是知识创造的精髓。

三、建章立制：联结化机制（形式知识—形式知识）

被表出化的各种课堂改革的概念，需要连接起来，构成一个知识体系。各种关于课堂改革的形式知识不断聚集、彼此结合，学校通过文件、会议等将这些形式知识联结起来。通过对形式知识的整理、增添、结合和分类等方式，重构既有知识，不断催生新知识。

（一）ZT 中学：让联结化发生在坚持不懈的常态课堂上

ZT 中学课堂改革的第三阶段，联结化阶段，没有制定非常严格的规范的执行制度，而是坚持不懈抓住课堂，把学校领导、教师、学生的心思吸引到课堂上，在听常态课、评课改示范教师的长线工作流程中，不动声色地完成了课堂改革知识的联结。

1. 评选"课改示范教师"常态化

当时有个制度，叫评选课改示范教师。一条能用三疑三探这种课堂教学模式，上好每一节常态课，就这一条标准。之后评选就是个人申报和学校推荐相结合。第一次评老师非常积极，22 个人报。我们评出来 11 个，实际上有 7 个非常好，有 4 个是属于学校平衡，学科平衡，也是为了激励老师，然后做了这个课改示范教师评选，跟踪听课。你要是能够上好每一节常态课，那就跟踪听课一周，组织了一个评选团队，然后去评选，评选出来第一次的课改示范教师，22 个人，评选出来 11 个。【访谈 ZT 中学 MF 校长 2018 年 1 月 26 日】

别的学校的课改示范教师基本上是"星光大道"模式，是以赛课为主，就是你拿出一节课上去进行比赛。我们的课改示范教师全都听的是常态课，推门课，就是也不打招呼的那种，直接推门就进去了，一定是听到常态的。这个应该说更深入。更关注他平时到底是否在做，因为你赛课的时候有可能老师仅仅赛课的时候用，但是平时可能就不用了。所以我们的课改示范教师是先让老师自主申报，自主申报之后，我们组成评委，听这些所有申报老师的课。常态课连续听一周两周，我们的时间是从申报完，评委开始听课，到最后的投票，投票是否是通过的，整个评委的投票是一个月的时间，一个月的过程，评委老师随时可以去听，一个老师最少必须听够四节课。这样才有投票的准确度。听完这四节课，还有对每个老师总体的意见反馈，或者对他没评上继续改进的一些建议。课改示范教师，我们连续评了几年了，到2015年把所有的老师全都评为课改示范教师，就等于都过关了。因为毕竟听的全都是常态了，意味着每年的常态课都在上。【访谈ZT中学教务主任LJL　2018年1月26日】

常态课的状态才是课堂最真实的课改成果的呈现，是课堂改革已经可以凝结为形式知识的阶段。

2. 构建"听课"机制，让联结发生在课堂中

还有一个就是听课制度。教师专业发展路径不外乎三个：自主研修、同伴互助、专家引领。同伴互助非常重要，大家互相听听课，互相学习学习，刚开始恐怕是累点，几年以后我们都提高了，我们就都轻松了。我说，也别多听，一周两节，一个月一个学期下来，40节。干部是一周三节，我们听60节。期末咱们盘点，交流听课记录，就40页，40个听课记录。给老师，每学期每周一收，行政办公会每周抽查老师的听课记录，查教案，查上一周的教案。还有教学反思，教学反思是在教案里边。后来做了两年以后就跟老师说，每个教案后边写反思也可以，一周一个反思，就是针对这一个周的一个反思，交千字文也可以。这样实际上就是每周一第一节做这个事情。我是整体看，然后我们的副校长，我们的德育主任，我们的教学主任，这四个人是分学科去看。【访谈ZT中学MF校长　2018年1月26日】

这样第一节课查教案，第二节课我们是听课，干部集体听课，因为干部要求听三节，那么我们每周一第二节课安排的是集体听课，所有的干部去

听，全部都下到班里去，集体去听一个老师的课。从 2013 年 9 月份到现在一直在坚持这种方式，然后第三节课上课，先评这节课。【访谈 ZT 中学 MF 校长　2018 年 1 月 26 日】

我们督促老师之间互相学习，要求老师之间互相听课。这如何落实呢？落实也是通过检查、上交，上交听课记录。我们也专门设计了这样一个听课记录。这是前两年的，前边是三疑三探教学模式的课堂评价标准，后边是听课记录，后边的听课记录当中要听的老师的课堂导入是什么，对于他你有什么样的改进意见，他的优点你可以借鉴学习的都写在这里，你回去怎样去借鉴。课堂整体的感悟也是每周上交，这个也要检查，我们统计的听课的记录。看这张表，我听了 60 多节，其他老师基本上都是 40 节的，M 校长的 76 节，SH 书记的 74 节的，这是我们的工会主席 60 节，最后都要统计。我们会有评语，评语当中有一个章一个戳，如果你听课比较优秀，你的评语写得非常好，有借鉴意义，盖上"优"。基本完成任务了那就是合格。如果完成一半，另一半几乎没写，都是空白的，那上边只有一个学校的校名，空白，没"优"，也没有"合格"。【访谈 ZT 中学教务主任 LJL　2018 年 1 月 26 日】

给校长的建议是评"课改示范老师"，西峡是赛课，我们学校人少，60 个老师，一线的老师只有 40 个，没法进行赛课，所以，我们叫课改示范教师，每一节必须是常态课，遵照"三疑三探"评课的标准，西峡的标准很清晰。常态课的时候，我们的评委不打招呼，无规律地听常态课，然后来评，连续听两个月，全都按照"三疑三探"的模式去评。课改示范教师的绩效奖励是每个月 1000 块钱，那时候校长同意了，执行得很好。【访谈 ZT 中学教务主任 LJL　2018 年 1 月 26 日】

3. 评价制度和柔性激励的结合

后边我们就要制定整个学校的这样一个制度。首先要做一个制度，因为您在听课的时候，会发现，这过程当中有一个评价，评价问题可能是涉及每个班级要做的，但是怎么形成学校的机制或者制度，那就开始制定，我们学校 10 月份就开始着手制定这样一个评价制度，评价每周怎么样，每月怎么样，然后每学期怎么样。就制定出了我们整个学校的这样一个评价体系。【访谈 ZT 中学教务主任 LJL　2018 年 1 月 26 日】

我们要求教师每学期录播教室上一节课，把这个录下来，每学期每个教师都要录一节课，一个作为教研组交流，另外一个给大家录一节课，到时候学校要保存好了，退休的时候刻下来送给您，到时看从一入职开始到30岁、40岁，到60岁每年的成长历程。这东西太有价值了，比送给老师礼物都要强，因为这种方式也激励老师去好好把这个课上好，给人留下教学的足印。【访谈 ZT 中学 MF 校长　2018 年 1 月 26 日】

联结化（combination）是将表出化的概念构建成知识体系的过程。如何将不同的课改形式知识综合起来？ZT 中学通过评选"课改示范教师"常态化、构建常态的"听课"机制和建立新的评价制度等措施完成了这一过程。这个过程越扎实，课堂改革的成果就越稳定长久地巩固。

（二）兴义三中：严格的制度保障和专业水准的新要求

联结化需要制度的保证。

建立制度是容易的，但执行制度不容易。制定制度目的一定要明确，执行制度要有路径安排。制度是刚性的，所以新制度的颁行意味着惩戒和表彰，意味着利益的重新分配，意味着打破原来的平衡状态，建立新的平衡。执行制度往往要冒着一定的风险。

这也是联结化过程的艰难之处。

1. 系列的制度保障

我们期末的考评老师主要有三大块：第一块肯定考核教学成绩，要占到最大比例，大概有 40% 左右。还有学生测评，就像我们 Z 校长经常讲的，无论你教学效果再好，你的学生要是和你关系处不好，也不能说你是一个很优秀的老师，学生测评大概占 20%。我们教师专业委员会的评分占 20%。【访谈兴义三中教务主任 YGJ　2018 年 1 月 18 日】

兴义三中推进课堂转型改革的措施是实行专业的观课、专业的评课、专委会督察考核和例会汇报机制。兴义三中引领、论证、规划、设计、实施课堂转型改革的专门领导和督查机构是教师专业发展委员会，相当于教练团队，负责运筹布局、培训指导、分析得失、总结调整。

例会汇报机制。刚才也讲了，每个星期一都有一场专业委员会的例会，进行汇报。

汇报的主要内容，第一个就是课堂督评的反馈，第二个是教研活动和课题的反馈，第三个是布置下一周的工作，第四个是督导评估考核机制，就是我们的委员下课堂，第五个是述职反思机制，就是这个学期结束，我们专业委员会的所有委员，经过了一个学期的工作以后，有哪些收获，有哪些想法，有哪些意见和建议，我们召开一个非常专业的述职反思会议，要进行反馈，来调整或者改善下一个学期或者下一年的工作方向。【访谈兴义三中教师专业委员会 CFC 主任　2018 年 1 月 18 日】

例会作用，就是对整个学校工作的一个督促，因为所有的教研组长都在这个专业委员会里面，所以每次专业委员会开会的时候，各个组长都要首先汇报一下自己学习的任务，这样领导也知道你每个组都干什么事情了，然后下一步要做什么都进行汇报。【访谈兴义三中数学教师 CXM　老师 2018 年 1 月 19 日】

2. 专业的听课、观课机制

我们提倡"观课"，而不是"评课"。原来评课的时候就说，普通话标准，教态自然，学生积极参与，等等，全部是套话、空话。这是一个非专业人士都能够做到的。我们借鉴华东师大的崔允漷专业听评课的标准，他有 66 个标准，5 个大的方面，4 个维度，而且他们也有实践的案例，但是那个太复杂了。我们把它拿来简化：首先来进行一个专业的观评课的反馈，我们有专门专业的观课，专业评课的指标，还有教师导言的部分，有学生展示的部分，有教材取舍的部分，有目标明确的部分，还有课堂资源的部分，还有课堂文化的部分，这个就是专业的观评课的几个指标。【访谈兴义三中 ZZX 校长　2018 年 1 月 21 日】

我们学校去外面"观课"的时候，都是按照这个方法分小组的。比如说你负责班级文化这块，你负责课程这块，你负责学生参与这块。听课教师都是分工的。分了工以后，你负责一个记录，比如说你负责学生参与这一块，学生的问答，齐答有多少次？单独的个人回答有多少次？这小组回答有多少次？占百分之几？然后你得知道无效语言占多少，问题的设置有没有层次，开放性的问题有几个，封闭式的问题有几个，然后通过比例来算。比如说个人回答有 5 次，学生 50 个，那么你的参与率，高不高你自己说。【访谈兴义三中 ZZX 校长　2018 年 1 月 21 日】

我们出去评课，专业的评课水准，很多学校的专业人士都非常惊讶：我们的评课不是泛泛而谈，不是说你课堂怎么完整，什么教态自然，声音怎么样，我们是用数据来说话。比如说这个老师讲述内容花了多少时间，学生回答处理探究这个问题花了多少时间，有多少人参与这个问题，你设置的这个问题，学生回答和完成的成功率有多少，等等。我们用专业维度来评课，也许老师讲多了，下一次在这个方面的语言上或者说教材取舍方面，他就会警醒。【访谈兴义三中教师专业委员会 CFC 主任　2018 年 1 月 18 日】

3. 坚定的惩戒措施

访谈者：我看 ZFC 主任，在你们行政会上，提出一个概念"教学事故"？

ZZX 校长：就是不课改的人按照教学事故来处理，出现教学事故就要责任追究，专委会去查实的话，记旷工，这是第一步。如果查到三次你都不改进，这样乱整的话，年终考核不合格，就是制度保障了。我们还从没有处理过人，这个还是很严重的，严重到什么程度？我们要写专题，然后上报，不合格的就是他的工资奖金，特别是奖金，一分钱都拿不到的。政府每年有三万六的奖金交给学校来考核落实。【访谈兴义三中 ZZX 校长　2018 年 1 月 21 日】

原来是自下而上，现在我们就是自上而下，就是以行政命令的形式，现在我们用上了行政命令那一块了，你必须那么做，你不做的话，我们就按照教学事故来进行处罚。【访谈兴义三中教师专业委员会 CFC 主任　2018 年 1 月 18 日】

4. 教师专业委员会的工作机制

教师专业委员会干的第一方面的事情，最核心的东西就是评价老师，推动课改，用评价的机制，倒逼我们老师推动课改，这是第一方面做的事情。【访谈兴义三中副校长 YTS　2018 年 1 月 18 日】

为规范委员的工作，客观公正地评价委员的工作业绩，我们成立这个部门的时候有个章程，特制定委员工作业绩考评 10 个指标，2 个等级。第一个指标就是完成规定的观课和评课的次数，我们要求每个学期每个委员观课评课不低于 30 次。第二，带领本学科组在课改中表现的情况。第三，在课改工作中努力探究，提出合理化建议或者意见的情况。第四，承担本学科的示范课、观摩课，或者到外校交流献课的情况。第五，在课改中帮扶本学科教师的情况。第六，写出教研论文，反思课改心得的情况。第七，同本学科成员团结互助的情况。第八，所任学科的教学质量的情况。第九，工作态度和工作中参与活动，承担的任务，出席会议的次数。我们每周的例会，你有一次不参加，就有处罚的措施。还有中期述职的情况，就是你做了什么工作总结。然后有考评机构，考评机构是两级，一个校长考核，由 ZZX 校长独立考评，考评我们三个人，我、L 主任、H 副校长。为什么要考我们呢？我们要考评其他委员。我们三个叫专业委员会的考评组，考评组成员为三个，三个人是考评组成员，就是由校长来考评我们三个，我们再考评其他的专业委员会的委员。【访谈兴义三中教师专业委员会 CFC 主任 2018 年 1 月 18 日】

新制度背后，追求的是新的运行机制，一种新样态下应对复杂局面的自组织状态，一种符合事物运行规律的新境界。从冰冷制度到柔软机制的转化，需要执行者久经考验的，有坚定的意志，有崇高的权威，有坚定的执行力，能够平稳地把制度建立在人心当中。严格而冰冷的制度，温和而坚定地执行。制度文化的核心使命，就是保证课堂改革暗默知识表出化为形式知识，再保证新的形式知识稳固长久，完成联结化的过程。

四、超越创新：内在化机制（形式知识—暗默知识）

课堂改革知识的内在化阶段是超越创新阶段。访谈课改学校的时候，会发现进入这种状态后学校状态的波澜不惊，一种富有内涵的平静。教师们享受这种新课堂带来的活力，是一种波澜不惊而又坚定沉毅的执行状态。进入这个阶段，需要三到五年内时间的持续推进，需要一个阶段一个阶段地转换积淀。

超越创新阶段更加潜在的标志，大家都已经不再局限于某一个环节，而是在一个更高的层次上将严格的环节融化于无形。不是在固守这种死板的课堂模式，而是悄悄地完成了新的转型和升华。相应学校的督促检查的力度下来了，教师们已经在内心接受了新的教学观念，并且在实践中体验到了课堂改革的意义和价值，他们已经在改革的路上自在前行，不用扬鞭自奋蹄了。所以，给教师以信任，放宽监督，同时给教师自由空间，鼓励创新，寻求知识的螺旋式上升。这个境界就是看山不是山的境界，每一个人每一个学科都找到别具特色的课堂风格。

（一）ZT 中学：超越模式化回归元认知

当 ZT 中学推行疑探教学课堂模式的时候，从体验共感、培训研讨、建章立制，走了一条课改知识的共同化、表出化和联结化的道路。这条道路的理想之处，并不在此。当新课堂模式自觉成为教师的常态课，当所有的教师都运用模式于无形、忘掉模式的约束的时候，标志着这种课改的思想、关于教育的理念，已经内在化于课堂实践。

1. 新课堂模式的常态化

关于疑探教学，我基本上要求的是你在这个过程当中有学生的展示，有学生的质疑，有学生的点评，有小组充分的讨论，还有自学。那你按照这个，另外在课堂当中，你必须得有让学生去思考问题的意识和习惯，也就是能够鼓励学生在课堂当中提出自己的关于本学科的有价值的问题，并且针对这个问题，全班同学能够在自主的基础上讨论和展示就可以。这已经成为老师的一种自觉教学方式。【访谈 ZT 中学教务主任 LJL　2018 年 1 月26 日】

我们是这样解读模式的，只是一个工具，一个桥梁，一种教学技术或者一种教学理念。实际上到最后就是让老师从那个模式里面出来，最后形成自己个性化的东西，个性化东西一定要有支撑啊。【访谈 ZT 中学 MF 校长2018 年 1 月 26 日】

就像打太极似的，老练那个套路，肯定不成，疑探教学好做，按照流程去做，按照模式去做就可以。但是元认知学习技术这块难，难在哪儿？它是理论和实践的一个结合，没有模式可以遵循，就像一所学校发展，没有说沿着那种模式，按照那条道路去走就可以，它一定是满足你这个学校的实际需求，满足你这个教师发展的实际需求，然后你才能够走出自己学校的发展道路。其实教育教学的探索也是这样，一定要结合你这个学校的实际。我们学校现在主抓这个，一旦课堂教学改革进入模式，老师怎么样？这个"入模"了还得出来，教学一定是个性化的东西。【访谈 ZT 中学 MF 校长　2018 年 1月 26 日】

2. 在元认知理论指导下的新方向

知识螺旋的下一步，他们找到了元认知的"五维技术"。是对模式教学的超越和创新。这种新方向更科学，对学校教育教学的影响更深远。

这学期，我们开学做解读教学计划的时候，我就跟 LJL 教务主任说，你把计划发给老师，不要解读，你就讲一个问题，疑探教学和五维技术的关系，让老师知道，我们没有放弃疑探教学。它是在疑探教学基础上，我们由更多的对模式的关注，到对学习本质的关注，要把这个讲清楚，它是对疑探教学的一个深化。【访谈 ZT 中学 MF 校长　2018 年 1 月 26 日】

那么五个方面分别是：一个是学生的情绪状态，再有一个就是知识结构，还有一个是思维方式，还有一个是行为习惯，最后一个是自我管理。让专家围绕这五个方面做培训。我们不去解读那本书，就是比如围绕这个情绪状态，我们怎么样去理解它，然后我们怎么样让老师在课堂上去调动学生的积极状态。【访谈 ZT 中学 MF 校长　2018 年 1 月 26 日】

现在我们进行新的探索，在做老师这部分的通识培训，实际上要解决什么？知识结构化的问题。学科知识，大脑喜欢简单有序的东西，这个有序一定是知识以图示的形式存在于大脑中，那你各个学科都应该把这个知识结构建立起来。要老师重视这个问题。还有一个知识怎样获得的？这是认知结构问题，我们就是要引导老师不仅仅关注疑探教学的流程，或者说这种教的方法，还要关注到知识本身。现在做这个认知结构，让老师更加关注学生，更加关注学情，更加关注学习本身。【访谈 ZT 中学 MF 校长　2018 年 1 月 26 日】

这好像又是我们原来班级建设的一个深化、提高、提升。文化建设，对学生进行价值引领，培养学生良好的思维方式和行为习惯。话虽如此，但是当时做班级文化，它不会像现在非常明确地去做这种行为习惯的哪几个方面，自我管理要从哪几方面抓。现在是把元认知学习的东西引进来，我们才豁然开朗。就是说你培养学生良好思维方式，你要给学生进行思维训练；你培养良好行为习惯，你要给学生进行自我管理方面的训练。我们在做的过程中逐渐深化对教育的了解和认知。认识加深以后才知道我们的班级文化还要丰富完善，实际上这是相辅相成的，这和以前做的事并不冲突，只不过是一个内化和深化。【访谈 ZT 中学 MF 校长　2018 年 1 月 26 日】

（二）兴义三中：在继续发展创新的科学预判中摸索

1. 要借力，继续提炼不断提升

下一步可能就要深化。怎么深化呢？就是说，把我们这个模式再进一步提炼，我们还是应该出现成果，既包括理论方面的，还包括运用方面的成果。【访谈兴义三中 ZZX 校长　2018 年 1 月 21 日】

下一步要深化，要进一步地提升完善，我们老师在实践的过程中不断地完善，不断地提升。我们要到北师大找课程方面专家，来给我们把把脉，慢慢提炼。【访谈兴义三中 ZZX 校长　2018 年 1 月 21 日】

2. 要追求一条个性化的道路

把"三中五环"发展到这个程度以后，我们不要停滞不前，要继续发展，引领我们的老师根据自己的实践，往前走往前发展，比如有一些老师很有想法，也有很多创新，让他们利用现在的基础，把我们的"三中五环"做得更好，更能够适合每一种课堂的每一种课程。不同的学生或者不同的老师都可以使用，我觉得这才是我们课堂改革今后要走的一条路。你不可能说一招吃遍天下。刚开始有这个套路是好事，让大家快速地凝聚在一起，有一个套路去上一个好的课。但是随着学校的不断发展，学生的不断提高，还是要不断地往前走，往前发展。【访谈兴义三中 YTS 副校长　2018 年 1 月 20日】

现在的问题是，我们的课堂不可能是一成不变的，什么事情都是发展的，那么接下来我们该怎么发展？前两天一些年轻老师在总结大会上，就提到一个问题，他们现在掌握了这种课堂模式，但他们发现，有的课堂，有的课型，有的课程内容，用这个东西未必好，他们觉得还有其他更好的方法。【访谈兴义三中 YTS 副校长　2018 年 1 月 20 日】

案例校课堂改革推进过程和作为知识管理理论的 SECI 知识创造理论高度契合，虽然 SECI 知识创造模型发端于企业管理，但知识管理理论的运用，为学校课堂改革的知识转化和过程推进提供了自洽的理论工具，课堂改革作为学校组织最为核心的知识管理活动，改革进程中的推进路径和过程机制，都可以在知识创造的螺旋中得到启发。

第五章　对课堂改革机制的理性思考及机制要素的浮现

第一节　薄弱中学课堂改革机制再思考

约翰 P·科特的领导变革理论所提炼的顺序严格的八大步骤，具有宏观领域、中观领域和微观领域的不同。前四个步骤包括树立紧迫感、组建领导团队、设计战略愿景和沟通变革愿景都是属于变革的宏观层面，是变革的支撑力量。而第五个步骤善于授权赋能，更多的是从结构重组和流程再造来论述，是属于变革的中观层面，涉及的对象是组织变革的内部协同力量。最后三个步骤积累短期胜利、促进变革深入和成果融入文化，深入到变革的微观层面，是论述变革文化的转化过程、转化机制。

约翰 P·科特把"树立紧迫感"作为组织变革的第一步，因为在组织变革的过程中，惰性和自满情绪总是如影随形，在没有树立紧迫感的前提下，就很难组织起一支强有力的团队去领导变革。我们置身于薄弱校课堂改革的语境之下，在对两所案例校的深入观察和访谈中，发现薄弱中学天然地具备了改革的紧迫感，具有了有效规避自满和懒惰的条件，正是不利处境成为绝地反击或弯道超车的资源。[①]

一、课堂改革的外部支撑机制

"学习共同体"的创建，是一项复杂的系统工程。校长的办学理念和教育哲学、教师的教育观念和协作精神、学生的学习习惯和学习行为——上下

[①] ［美］约翰 P·科特著，徐中译. 领导变革［M］. 北京：机械工业出版社，2014：33－49.

一致，才能使学校协同构建成为一个协调的有机体。一旦形成这样的"学习共同体"，就拥有了导向明确的学校文化，具备了学校不断自我革新的能力。就像佐藤学所说，课堂上的合作学习一旦实行，教师将受到来自学生高涨的学习意愿和合作学习关系发展的强有力的牵引。[①]

为什么学生比教师更欢迎"学习共同体"的构建和实行？因为这种共同体本身，具备了自我成长、自我完善的生命力，为师生成长创造了良好的环境。

两所案例校在营造课堂改革的文化氛围、建立着力课堂改革的协作团队和构建目标一致的会话机制上都作出了不同程度的努力，都提出了学校的发展愿景，都把实现学校愿景的突破口放在了课堂改革上。课堂改革是他们追求学校卓越发展的杠杆解。考查构建学校学习共同体与开展课堂教学改革的内在关系，可以简洁概括为：

作为课堂改革的理想样态的新课堂本身，就是一种微观的"学习共同体"，而学校学习共同体的构建，是和课堂改革的理念完全一致的外部支撑机制。

作为课堂改革的外部支撑机制"学习共同体"的构建，主要有以下四个要素：

（一）确立学校发展的愿景

约翰 P·科特认为，一个有效愿景具有六个方面的特点：

它是可想象的，呈现给人们一个未来是什么的美好画面；

它是值得做的，以所有利益相关者的长期利益为诉求；

它是可行的，是现实的能够实现的目标；

它是聚焦的，对于组织的决策具有清晰的指导作用；

它是灵活的，适应变化，鼓励个性化的创新；

它是易于沟通的，可以在短短的五分钟之内阐释清楚。[②]

根据罗伯特·G·欧文斯对"决策"的论述，要作出恰当的决策，就需要许多收集和分享信息的组织成员，进行自由公开的交流。在决定哪一个解

---

① ［日］佐藤学. 学校的挑战：创建学习共同体［M］. 上海：华东师范大学出版社，2010：66.
② ［美］约翰 P·科特著，徐中译. 领导变革［M］. 北京：机械工业出版社，2014：65–81.

决方案最好、做出一个明智决定的过程中，衡量和评价收集到的信息，必须依靠亲密无间的协作。保持协作关系，是反复决策过程的基础，为了保持这种协作关系，每个人都必须致力于执行解决问题的方法。①

学校"学习共同体"的价值追求体现为：

"公共性"：倾听他人的声音、向他人敞开心胸、对他人满怀宽容和尊重；

"民主性"：学生、教师、校长、家长结成平等关系，每一个人都是学校主角，实现各自的权利，承担各自的责任；

"卓越性"：对学生而言，是冲刺新高度与挑战新问题的学习；对教师而言，是秉持"卓越性"价值观高举三面旗帜，尊重每一个学生的人格尊严，尊重每一部教材的内在发展性，尊重自己的一以贯之的教育哲学。②

课堂改革所追求的新课堂样态，正是公共性目标、民主性目标和卓越性目标的统一：通过师生互动和生生互动的小组合作、质疑、探究，建构个性化的知识体系，深刻理解知识形成的过程，体验合作和互动的感情力量，全面塑造和谐、活泼、特长突出、全面发展、身心健康、学会幸福生活的现代人。价值取向上的高度一致性，是学校学习共同体实现对课堂改革外部支撑作用的逻辑起点。

学习共同体理念在教育教学上的运用打破了僵化的班级授课制的束缚。学习共同体理念本身具有多变性和灵动性，应用于实际教育教学过程中就多出了许多弹性空间，使得学习共同体成员思维具有开放性。在学习共同体理论的基本形式上对教育教学质量有直接影响，促进了学生间的讨论、互动，使得成员个体内部也更加有驱动力。③

对学校发展的定向和决策的背后是一种价值引领，这种价值引领一般表现在重塑学校愿景、营造浓郁的学习氛围和舆论导向上。两所案例校课堂改革之初，都重塑学校发展的愿景，利用愿景产生的凝聚力，聚焦课堂改革，全校上下形成了研究课改、实践课改、提升课改的文化氛围，以文化价值之力消除课改的阻碍，把课堂改革引向坦途。

---

① ［美］罗伯特·G·欧文斯. 教育组织行为学 ［M］. 上海：华东师范大学出版社，2001：382.

② ［日］佐藤学. 学校的挑战：创建学习共同体 ［M］. 上海：华东师范大学出版社，2010：2 – 3.

③ 雷金屹，李景山，赵玉琳. 学习共同体理论的价值及本土化 ［J］. 高教论坛，2017（1）：20 – 22，27.

(二) 变愿景为共识

"学习共同体"理论认为,只有构筑"同僚性"的校本研修,才能构建真正内发的学校变革。所谓"同僚性",即指教师基于共同的教育愿景,在频繁的探讨教育活动、展开新的教学创造的过程中所建立起来的"合作性关系"。①

教师们是课堂改革的实际参与者,把学校改造成"学习共同体"的挑战,就是要促进教师这一关键群体的发展。学校设置了发展的使命、愿景和目标,如果不能在学校的日常教学工作中和教师进行及时的沟通,那么这些使命、愿景和目标就会仅仅称为"校长的愿景",而和教师们毫不相干,学校课堂改革的进程也就会停滞不前。如果教师仍旧停留在传统课堂上,那么学校已经构建的宏大的发展理念、战略规划和长期目标就会被束之高阁。所以及时和教师进行沟通,"化愿景为共识",然后才能从实践者身上体现出"愿景"的引领力量。

Richard DuFour 和 Robert Eaker 在《有效的学习型学校》中提到了学校加强和教师沟通的八个要素:

一、我们打算做什么?

二、我们监控什么?

三、我们提出何种问题?

四、我们仿效什么?

五、我们如何分配时间?

六、我们庆祝什么?

七、我们质疑什么?

八、保持简单化。

他们认为,必须把学校发展的愿景不厌其烦地和教师们在学校的日常生活中进行沟通,否则,这种变革的积极性就会消失或停滞不前,有效的沟通可以保持这种奋斗精神。②

---

① [日] 佐藤学. 学校的挑战:创建学习共同体 [M]. 上海:华东师范大学出版社,2010:2-3.
② [美] Richard DuFour, Robert Eaker. 有效的学习型学校:提高学生成就的最佳实践 [M]. 北京:中国轻工业出版社,2005:80-87.

本书所讲的两所案例校不仅建立了符合校情的学校发展愿景，而且都通过及时的、深入的沟通，把愿景变为了共识，让共识产生了协作的自觉性，产生了牵引学校前行的力量。

如何将愿景植入改革者的内心？约翰 P·科特认为，愿景的目标和方向为大多数人所理解的时候，它的作用才能最大化，而接受一个未来的愿景，对于人们智力上和情感上，都是一种挑战。要对愿景进行有效的沟通，必须注意以下关键因素：

沟通必须简单，用人们所能理解的语言而不是专业术语和技术用语；善用比喻、类比和事例；不妨采用多种传播媒介；多种场合进行重复，以示重要作用；充分发挥领导者的榜样作用，领导者的行为要和愿景倡导的方向一致；一旦出现看起来不一致的信息要及时地进行解释；善于双向沟通，不仅表达，同时也要学会倾听。①

（三）学校课改文化的构建之路

理想的"合作性关系"要想长期稳定地保持并不断加强，需要建立具有高度协作性的目标一致的团队。在课堂改革的语境下，这里的"目标一致"就体现在建立研究课堂改革、实践课堂改革和反思课堂改革的协作团队。

学者们在考察了学习共同体的构成要素后，对建构学习共同体的对策进行了深入的探讨。有的学者认为学习共同体的建构要做到："一定要强化实践逻辑和行动意识；一定要建立融洽和谐的沟通氛围；一定要建立常态稳定的对话机制；一定要重视对话过程中的价值引领和愿景激励；一定要有面向共同体的丰富的对话内容"。②

有关学者把师生关系的状态看作判断学习共同体的主要指标，认为：良好的学习共同体以民主平等的师生关系为准则，并且可以不断提高教师的素质，改变教师传统角色。学生角色也由此发生根本的变化，逐渐树立平等的师生观。以教师和学生的关系为构建的线索，分别从教师和学生两方面提出了学习共同体建构的对策，因为，"就学校而言，不是校长，而是教师和学

---

① ［美］约翰 P·科特著，徐中译. 领导变革 ［M］. 北京：机械工业出版社，2014：81-97.
② 赵建. 学习共同体——关于学习的社会文化分析 ［D］. 上海：华东师范大学，2005.

生，才能够形成学校的良好气氛"。①

在 ZT 中学，"课改导师团"是这样的团队；在兴义三中，"教师专业委员会"是这样的团队。为了确保协作团队的良性运转，学习共同体内部都建立了配套的规章制度。这些规章制度确保了学习共同体的不断完善发展，确保了共同体每一个成员的健康成长，循序渐进地实现课堂改革的目标。

综上考察，我们认为建构学习共同体的路径，应该具备如下几个方面：确定符合共同体真实情境的发展目标，尊重参与者多样性差异的运作氛围，良好的共同体内部互动环境，有效的共同体运行的保证机制等。

确定符合学习共同体真实情境的发展目标：确立学习共同体的发展目标，首先要客观分析，准确定位。把真实的情境、客观的条件作为构建学习共同体的出发点，建立在客观真实基础上的目标才是有效的目标，这是建立健康发展的学习共同体的基础。

营造尊重参与者多样性差异的运作氛围：学习共同体追求发展目标和愿景的一致，但组成学习共同体的每一个个体却是千差万别的，具有多样性差异。这种多样性差异具有认知方式的不同，具有情感态度的个性化特色，这是不可否认的自然状况，同时也是构建学习共同体的最大资源，是促进学习共同体更快发展的内在因素。正是因为差异才产生了共同体不断发展的动力。

培育良好的共同体内部互动环境：共同体内部每一个成员认知方式的不同和情感态度的个性化特色并不影响共同体成员团结协作，不影响达成共同体共同的目标愿景的集体追求。一方面是为了共同的目标和愿景而团结协作，同时在变革的具体情境中，又要发挥每一个个体的主观能动性，既要团结协作，又要鼓励竞争，唯此才能营造学习共同体良性循环的环境。

有效的共同体运行的保障机制：共同体运行的保障机制包括组织构架、运行的规则、会话机制和文化氛围。要形成学习共同体整体的有效运行，保障机制也必须是综合的、整体的、有机的机制系统，包括课堂改革文化的引领、运行规则的建立、组织构架的健全、会话机制的完善和干预机制的及时介入，都是必不可少的。

---

① 赵中建. 学校文化［M］. 上海：华东师范大学出版社，2004：34.

（四）持续走在正确的课改方向上

"反馈"最早是电子学用语。指信号在输出、输入过程中增强或减弱输入信号的效应。在信息系统中，将输出信号回授到输入端，与原给定值进行比较，形成偏差信号，称为信息反馈。

在管理信息系统中，反馈是一种控制职能。

所谓控制就是根据反馈信息的偏差程度，采取有效措施，使输出信号与定值偏差保持在允许的范围内。①

"干预"则指任何用来减少或排除学习者在与社会环境和物质环境相适应时所遇困难的方法。干预有预防性干预（在潜在问题变成障碍之前的干预）、补救性干预（通过教育或训练克服障碍的干预）和补偿性干预（为残疾人或智力低下的人提供弥补他们残疾的新的或别的方法）。②

"反馈"是"干预"的前提和基础，"干预"是"反馈"的目的，在构建适宜课堂改革的外部支撑机制的实践中，准确反馈和及时持续的干预才能保障教学环境的改造和课堂文化的重塑始终走在正确的方向上。

ZT中学建立了学校的听课制度，在这种全校上下听"推门课"的常态行动中，及时感知课堂改革的第一线所发生的新变化和遇到的新问题，教案检查和周一的行政办公会对课堂改革情况及时的汇总，都是在进行最扎实的反馈。

体现全校课堂改革风向标的先进理论文章的文件汇编，经教师"圈点勾画"后都能得到学校领导的及时点评，教师们深刻的反思文章都会得到全校的推荐，反馈渠道特别畅通，干预措施非常及时。

兴义三中的反馈和干预，主要是由"教师专业委员会"来完成的。"教师专业委员会"人员组成的丰富多样性、每周五雷打不动的例会制度、深入坦诚的研讨氛围、具体鲜明的课改方向的引领，总能让反馈的问题得到及时的解决、问题在萌芽状态得到预防、阻碍改革的不良现象得到干预。

两所学校对反馈和干预的重视，都体现在制度的建立上，奖惩措施严明，并且得到严格的执行。

---

① 吕时达、张忠修、聂景廉等主编. 简明经济学辞典［M］. 兰州：甘肃人民出版社，1986：67.
② 王国富、王秀玲总编译. 澳大利亚教育词典［M］. 武汉：武汉大学出版社，2002. 87.

二、课堂改革的内部协同机制

班级部委制学习小组建设作为课堂改革的协同机制，与课堂改革相辅相成，是一个小组合作学习的理想图景，也是课堂改革者追求的一种境界。

小组合作机制的建立，两所案例学校走了不同的道路。

合作学习小组的建立，在昌平 ZT 中学被称为"班级文化建设"，后来又被称为"班级部委制"的实施。MF 校长来到这个学校的时候，发现生源基础差，课堂学习氛围差，学习动力不足，所以首先从班级文化建设开始，在班级内推行"合作学习"的小组。等合作学习的组织建立了，又全面推行了疑探教学的课堂改革。

而贵州兴义三中却走了另一条路，其改革从教师的教学方式的变革开始，自下而上探索各学科的高效课堂模式，而后自上而下建构了全校统一的"三中五环"的学校模式，在课堂改革的进程中，越来越发现课堂改革要向纵深发展，必须有小组文化建设的配合。没有小组文化建设，课堂改革再往深处发展是不可能的。所以他们遇到的课堂改革的瓶颈就是"班级文化建设"的薄弱，也就是缺乏小组合作机制的协同。

如果说，ZT 中学的先建立合作学习的小组而后开展课堂改革的过程是一种未经论证的行动的巧合，那么，兴义三中的课堂改革深入阶段的必然走向合作学习的小组的建立，就是课堂改革和班级组织的改革的内在机制决定的。在会议记录和班级现场的观察中，我们也发现兴义三中小组建设的艰难。作为课堂改革的内部协同机制"班级学习小组"的构建，主要有以下四个要素：

（一）班级组织结构的调整

个人独立学习、竞争性学习、小组合作学习被认为是三种主要学习方式。

与"个人独立学习"和"竞争性学习"不同，"小组合作学习"强调，学习小组的建立，让学习行为具有了更深刻的意义，因为小组成员拥有共同的目标，学习成为全体成员共同建构的开放性过程，相互启迪和帮助，大家同舟共济，为全体组员的成功而努力，使学习效果最大化，让学习者的视野更加开阔，思维更加深刻；组员既利人又利己，个人成长和同伴成长相辅相成，享受个人成长的快乐，也为共同成功而庆贺；活动结束后及时反馈，组员以大家共同约定的标准评定小组学习的绩效。

为了达到这种理想的小组合作学习的境界，就需要改变传统的班级组织结构，建立班级组织的新形式。这种"班级部委制"的建立是对传统小组形式的超越，建立"班级部委制"的过程，也是一个与惯性和传统告别的过程。传统班级中的小组长，职能单一，一般只承担收交作业、组织打扫卫生的作用，现在的"班级部委制"中的小组长就要承担更多的职能，这种职能的变化，和每位同学、每位教师都是有密切关系的，所以这样的改革也是牵一发而动全身的事情，需要做出决策之前与利益相关者的教师和同学们进行充分的沟通和交流，讲明班级组织结构改革的意义，减少阻力，同时也让这种"班级部委制"的职能得到充分发挥。

ZT 中学经过长期探索而实行的班主任指导下的"班级部委制"，具有规范的产生流程。

首先是根据班主任的推荐，产生各组组长候选人，候选人竞选演讲，然后投票产生组长。

第二阶段就是组长根据有意义差异选择组员。组员产生以后小组长在本组内协商推选出本组的生活委员、学习委员、行为委员、活动委员，形成小组内部的自制管理分工。

第三阶段就是在小组长之中进行竞选演讲，产生班长，同时在各小组的四大委员中产生学校各部的部长。班长和各部的部长，构成班级层次的最高管理团队。各部部长和相应小组的同类委员构成班级中本部门的班级管理团队，比如生活管理团队、学习管理团队、行为管理团队和活动管理团队。

"班级部委制"具有扁平型组织的特征，每一位部长的问题都可以直接找到各小组对应的委员得以迅速处理，减少了管理的层次；班级中每一位成员都承担管理的角色，形成了"我为人人，人人为我"的良好的管理秩序。

小组合作学习的代表人物之一斯莱文认为，影响课堂教学质量的因素主要有以下三个：任务结构（task structure）、奖励结构（reward structure）和权威结构（authority structure）。[①] "班级部委制"正是在这三个方面着重作

---

① 盛群力．合作学习：一种新的教学策略［J］．上海教育科研，1991（1）：43 – 37.

了调整，使传统班级组织形式中的大多数闲置的个人被赋予了管理的任务，提高了他们参与的积极性；这个小组被放在一个统一的系统当中，把生活习惯、学习习惯、行为习惯和各项活动统一放到一个奖励结构里面去，使班级管理产生了有序的流动；"班级部委制"中的每位同学都有明确的任务，管理线条清晰，任务非常明确，便于比较，便于跟踪和反馈，有效地促进了每一位同学的成长。

结构的变化带来功能的改变。传统的班级"行政小组"功能单纯，只是为了完成教师交付的事务性的任务，不能和整个的学习生活特别是课堂学习有机结合，学生行为是被动的，学生缺乏工作积极性。班级部委制的实行，因结构的变化，带来了班级学习小组的崭新面貌。

(二) 唤醒自我管理的内在力量

这种行政小组和班级部委同时并存的新机制，组内异质，组间同质，赋予了每一个小组平等竞争、相互合作的机会；给每一个组员一个新的身份：部委委员 (学习委员、生活委员、行为委员和活动委员)。这种新的身份，也让每一个组员充满了使命感、责任感和成长的潜在目标。原来传统上单纯的行政小组，由于任务空泛、成员没有分工，只有形式上的意义，并没有带来对课堂教学的辅助作用。班级部委制，明确每一个小组都有一名学习委员，这些学习委员又都统一在班级"学习部长"的麾下，为全班的学习生活，特别是课堂教学提供了强大的协同作用。

我们认为案例校实行的"班级部委制"具备成为"自组织"的三个内在机制：

(1) 任务机制。自组织的运转也需要任务驱动。在案例校的课堂改革中，ZT中学的"疑探教学"特别强调的"设疑自探""解疑合探""质疑再探"，这里抓住不放的就是"疑问"，就是"问题导向"的任务驱动；在兴义三中，他们的"三中五环"课堂模式中的"导探展评固"中的"探"，就是"教师根据本堂课要传授的知识重点和难点，预设成一个个问题或练习题，引导学生围绕设题进行思考、讨论、探究"。也是给课堂中学生的思维和活动一个明确的任务。

(2) 奖励机制。在案例校的"疑探教学"模式和"三中五环"模式中，他们特别强调的"课堂评价"，其中最重要的一点，就是对问题解决者分数的奖励，而且都是把奖励捆绑在整个小组上，通过鼓励小组的集体进步，推动小组内部的合作交流。

（3）权威机制。在案例校的"疑探教学"模式和"三中五环"模式中，都无一例外把课堂的主体定义为学生，教师是引导者和辅助者，学生是学习的主体。三个内在机制方向一致，从不同的方位驱动"班级部委制"自组织功能的发挥。班级部委制"内在权威"的树立，唤醒了学生沉睡的自我管理力量，每一个个体都找到了为自我、为他人、为集体工作的机会，人人参与，每一个同学都成为课堂改革的良性环境，共同营造促进课堂改革的文化氛围。

（三）与课堂改革的新模式相向而行

班级部委制的实行，也不是自发就能产生功能的全新变化，自组织内在功能的激发肇始于对小组新功能的深切体认，自组织状态的维持，则需要执行与协商的力量。

课堂改革的新模式，在实行课堂新样态的同时，也对学生的行为提出了诸多的新要求。这些新的要求正是自组织功能的体现。为了让学习小组不断优化，真正达到自组织的状态，ZT中学特地推出了小组合作学习的四大策略：一、养成良好的小组合作学习的习惯；二、遵守小组合作的常规；三、师生倾听条约；四、选择有合作价值的问题进行小组合作学习。

这些策略目的是加强小组建设，实质是培养学生成为新课堂的"自在者"（理念一致而忘记改革模式本身，享受课堂生活）。

比如"养成良好的小组合作学习的习惯"中规定：

（1）自己解决不了的问题，进行小组内交流讨论。

（2）交流时声音适度，切忌影响别人，小组交流动作迅速，避免拥挤。

（3）离开座位参与交流，交流结束把凳子轻放桌下。

（4）交流畅所欲言、各抒己见，改变冷漠旁观、不积极参与的状态。

（5）杜绝假交流和随意交流的状态，坚决反对借交流之机嬉笑打闹。

（6）合作交流有严格的分工和具体的任务，人人有事做，事事有人做，时时有事做。

策略二"遵守小组合作的常规"中规定：

（1）独立思考、自主学习是基础。

（2）合作学习要有充足的时间保障；合作学习的内容要有严格选择的科学标准。

（3）合作学习形式多样，各取所需：同桌互助、小组合作、多组协商、集体研讨等根据学情采用；"小组同质、组内异质"是分组的原则。

（4）小组成员地位平等，没有贵族和奴隶；避免"语霸"和"看客"；小组汇报时小组成员轮流发言，鼓励潜能生发言。

（5）学生合作学习时，教师是"合作学习的巡视员"，是"合作学习的首席顾问"；每一个成员都要严格遵章守纪，尊重同学和教师，学会倾听，善于表达。

（6）"噪音控制员"大胆负责，小组讨论应控制在本组同学能听清的音量。

（7）时间合理运用，每次都有小组在黑板上边讨论边书写结果。

（8）教师关键处不能缺席。正确处理"答案多元化"和"答案优化"的关系；对"多元解读"进行引导、评判，对误读、曲读及时否定，解惑阐幽，思想引领。

（9）培训及时；对个人和小组在合作学习中的表现给予恰当及时的评定和考核。

（10）学会"倾听"，因为倾听是交流的基础，是小组合作的出发点。倾听是一种技能，倾听的能力是可以培养的。①

他们对小组合作学习的技术环节进行了更加细致的规定：

学生——学会倾听，听别人讲话的时候，眼睛要直视讲话者，精力集中，努力捕捉对方所说的每一个字及其含义；尊重发言者，耐心聆听别人的发言，别人发言的过程不粗鲁打断，不莽撞插嘴；与发言者交流，要等别人说完，举手示意，再提出疑问；进入小组讨论的环节，按照约定俗成的顺序轮流发言；在教师讲课和别人发言的时候，及时记录，积极思考。

教师——尊重学生的表达，在学生发言的时候，要耐心等待，对学生的独特观点和灵感闪现准确捕捉、及时表扬；对学生发言中出现的问题和错误

---

① ［美］大卫·韦勒，西尔韦亚·J·韦勒著，杨海燕，刘玲，赵茜，孙敏译. 副校长：有效学校领导的关键要素 ［M］. 重庆：重庆大学出版社，2007：94－96.

的观点，不进行过严的苛责，善于引导，及时匡正；对学生平等对待，一视同仁，尤其是对学习成绩比较差的同学，多给机会，及时鼓励。①

班级部委制这种机制本身，具有自组织的功能，可以很好地协同课堂改革的深化，比如需要一些策略的保障，需要坚持不懈地完善。

（四）与惯有问题的长期斗争

在实践场域，人们往往会发现小组合作学习的诸多问题：

（1）形式主义。小组合作学习，重点放在"小组"上，而不是放在"合作学习"上。课堂上只见"小组"这一形式，却不见学生进入合作学习的状态，时间上往往用于讨论的时间太短，匆匆走一个过场，或者用时过长，时间浪费。"小组合作学习"沦为教师表演的噱头。

（2）问题不当。小组合作学习缺乏"适度的小组合作学习问题"。有时是问题太难，没有梯度，致使讨论"崩溃"；有时是问题过于肤浅，没有讨论的价值，致使讨论变为嬉笑打闹。小组合作学习难以深入进去，小组成员各自为战，缺乏深层的交流与碰撞。

（3）虚假合作。异质分组和组内设置学习科目长是为了促进小组成员之间的有效合作。在实际的小组合作学习中，因为成绩差异、性格差异和心态差异，优秀者占据了话语权，其他同学成为听众和陪衬，缺乏真正的沟通和交流，不是真实的合作学习。

（4）角色错位。在小组合作学习中，教师成为一个仲裁者，而不是引导者。学生是小组合作学习的主体，教师本应创造条件促成小组成员间观点的碰撞、意见的交流，鼓励学生求异思维、创造性思维的发展，尽可能让学生自己得出各种不同的结论。但是在课堂小组合作学习中，教师只是在按照既定的教学计划和教学设计，把学生往事先设计好了的教学框架里赶。这样教师就缺乏一种根据学习过程中出现的问题来灵活处理的能力，教师反而成了学生思想火花的扼杀者。

要解决上述所存在的问题，在初始阶段，一定要强调规则的重要性，要加强控制，对屡犯戒条的学生也要进行及时惩戒。但是外在的控制只是一个方面，更重要的是要加强内化和自我约束的管理。

---

① ZT 中学的规章制度摘录.

"小组情境中，如果学生没有被教会如何合作学习，那么有效的合作学习就不可能发生。因为小组中的学生许多行为并没有受到监督，小组作用发挥得如何，取决于教师成功引导学生实现目标的程度，取决于学生被教授得如何计划分配时间，如何有效合作和处理冲突的能力。"[①]

上述问题看起来多是教师的问题，要么是教育观念落后，要么是课堂调控技术不强，但实质上，这些问题的存在，都是一个根子，那就是作为课堂改革，与之相辅相成的内部协同机制尚未建立。

班级部委制，就是这样的一个内部协同机制，这个机制的运行，主要来自学生的力量。建立了运行良好的自组织状态的"班级部委制"，在课堂教学上就能非常明显地感受出课堂的变化来。

三、课堂改革的过程转化机制

积累短期胜利，促进变革深入，让成果融入文化，深入到变革的微观层面，融入课堂改革的转化机制的共同化、表出化、联结化和内在化四个阶段之中。

（一）推进课堂改革的坚定方向感

课堂改革的方向很重要。要不要进行课堂改革，如何进行课堂改革，课堂改革的路径如何设计，都需要有坚定的信念和方向感。

认识的高度，决定着课堂改革推进的坚定程度。两位案例校的校长对课堂改革在学校整体发展中的核心地位，都有非常清晰的认识和准确的定位，都把推进课堂改革带动整个学校的发展作为学校战略，并且坚定不移地执行。

课堂改革是一段艰难的旅程，课改进程中，要与强大的传统思维和"教师习性"作斗争，要改变人们长期以来的课堂教学行为状态，要把人们拖出舒适区，甚至进行利益的重新分配，所遭遇到的阻抗力量之大是不言而喻的。往往还会遇到成绩暂时波动的情况，都会遭到来自周围环境的聚集的反抗力量。所以作为改革决策者的校长一定要有坚定不移推行改革的信心和

---

① ［美］Thoms L. Good，Jere E. Brophy 著，陶志琼译. 透视课堂［M］. 北京：中国轻工业出版社，2015：73.

决心。

课堂改革往往被扼杀在萌芽状态，被阻止于貌似合理的借口中。比如常见的一个借口："教无定法"，丰富的课堂实践怎么能被固定的环节和死板的时间规定套死！如果被这样的高大上理论吓住，课堂改革就没有开始，或者一遇困难时便顺势放弃。

坚定的方向感来自对争议问题的准确判断和实践智慧。

改革校不要陷入要不要教学模式的这种无意义的旷日持久的争论——学校课堂改革只有理论的引领，没有具体的模式作为改革的具体抓手，就会在强大习惯力量的牵引下，让所谓的先进理论的课堂仅仅停留在报告中，或者仅仅停留在公开课中。

常说教无定法，但不是说教学就没有一定的章法可循。课堂的教学模式是一堂课的套路和必需的环节，是衡量一堂课是否完整的要素。如果一堂课没有一定的基本套路、没有一定的章法、没有规定的几个基本环节，就会呈现随意松散的现象。有了基本的课堂教学模式，学生就会明白教师的教学意图。教学模式规定了哪儿是属于教师引导的，哪儿是学生思考、探究、展示的。这样，师生职责明确，就会产生互动，课堂就显示了活力。

ZT 中学三番五次奔赴千里之外的课改成功学校实地考察，让教师们切实触碰到课堂的差异，兴义三中充满设计感的"同课异构"活动，都绕过了争议和阻碍，直接进入改革的前沿阵地，显示了改革启动者坚定的方向感。

(二) 清晰的知识转化路径设计

课堂教学的知识、课堂教学改革的知识，是由两部分构成的，一部分是形式知识，另一部分是暗默知识。大量的暗默知识，是存在于每一个教师的头脑当中的。要让大量的暗默知识通过共同化、表出化、联结化和内在化的过程，浮现为形式知识，进而系统化，呈现为每一位教师的课堂教学行为。

课堂改革不是简单的行政命令，也不是一张蓝图，而是一段长长的旅程。

课堂改革知识的传导，不能只停留在口号和文件上，一定要有具体的操作规程，要有转化路径设计。通过慎重思考、严格筛选和科学论证，制定明确的行动纲领。

ZT 中学的课堂改革路径，就是确立学习对象——全员跟踪体验——系统的课堂知识的学习和培训——听课制度促进课堂改革新模式的常态化——寻求深化课堂改革的元认知技术。是一个闭环的知识螺旋，也是一个改革不断深化提高的过程。

兴义三中的课堂改革之路，走了一个"自下而上"然后"自上而下"最后"承上启下"的自组织的改进路径。确立课改方向（河翻水涨）——各学科组确立本组的课堂新模式——监督执行——统一为全校的"三中五环"课堂模式——监督执行。整个过程从结果来看，应该是"承上启下"完成了整个改革知识螺旋的一个过程。

（三）过程驱动机制高效运转的制度安排

课堂的深刻变革意味着课堂教学方式的巨大变化和转型，改革进程必然给教师带来思想冲击，打破传统课堂模式下持续的平衡，带来不适感，带来恐惧感，甚至带来压力之下维护自我的本能反抗。

如何面对这样一些复杂状态，学校一定要有制度安排，让制度之力转化为机制之魂，[①] 化解阻抗于过程当中。

兴义三中的机制，就是"双轮驱动"的"行政治理和学术引领"。

设立专门的课堂改革的领导机构"教师专业委员会"，作为一个学术型的引领机构专门来做课堂改革这件事。一方面，这个机构没有行政权力，没有上级正规的任命，这个机构的领导者和参与者就可以免去不必要的行政的干扰，专心做课堂改革这件事；另一方面，这个机构由校长直接任命，直接对校长负责。

在这样的体制下，校长、业务副校长、教务主任、教科室主任以及每一个学科的学科主任等凡是课改需要的人员就可尽情纳入，聚合学校所有的课改力量，全力以赴去做一件事。没有"行政"的名分，但是在课堂改革上，却又是全校最有权威的，既有学术权威，又有行政支撑。这是一种灵活机动的分布式领导的组织形式。

（四）短期胜利的积累与教师成长

课堂改革的漫漫旅程中，一定要有各类保障措施的辅助和干预。

---

① 李政涛. 为学校变革寻找机制之魂 [J]. 中小学管理, 2009（4）: 1.

要积极寻求支撑力量，比如思想工作，让课堂改革的受益者——学生、家长，课堂改革的最直接关系人，充分理解这场改革。改革一定不影响教学成绩的提高，或者在改革的进程中，只有教学成绩提高了，改革才能获得合法性，找到令外界信服的力量，改革才能进行得更坚定，否则就会在强大的质疑声中，在家长和上级领导的反对声浪里，被迫终止。

两所案例校在改革的初期，都取得了升学成绩的不断突破，为顺利改革提供了舆论保障，让改革反对者改变了态度。虽然改革不是为了成绩，但成绩的提升，绝对是不可忽视的一个因素，兴义三中在 ZZX 校长到来之前的本科 23 人，到 2018 年的 350 人，本科升学率提高了 15 倍，为课堂改革的进一步推进扫清了障碍。ZT 中学也由 2013 年的区薄弱校到 2015 年跃升为区优质校，把学校变成一所内涵式发展学校，课堂改革成为令人信服的事件。

一所没有将课堂改革作为文化焦点的学校，学校课堂教学的方向不明，课堂教学状态就可能是散漫而低效的，课堂"教无定法"的大道理遮蔽了对高效优质课堂的追求，青年教师在学校层面就找不到依从和旨归，缺少从高位进行牵引的力量。如果学校再无其他的促进青年教师成长的措施，那么青年教师只能是自由发展，或者野蛮生长。如果学校有强大的课堂改革的氛围，青年教师就会在一张白纸的情况下，非常容易地进入到新的课堂模式中。由于这种模式背后的理念符合当代教育观念，青年教师的成长就会非常快捷。青年教师在课改进程中的快速成长，是课堂改革对学校发展的另一个贡献。青年教师的快速成长、老教师思想观念的更新和课堂转型，是课堂改革人力资源的保障。人力资源的干预是最核心的干预，青年教师的快速成长，确保了学校的未来。因为有了青年教师的健康成长，就有了课堂改革的未来，也就有了学校发展的未来。

这是值得追求的学校发展的良性循环状态。

第二节　课堂改革机制要素的浮现

课堂改革的外部支撑机制、课堂改革的内部协同机制和课堂改革的过程转化机制，使课堂改革在学校外部支撑、课堂内部协同和课改知识转化过程中构成了一个有机体，整体联动，内外协同，运动过程中相互作用，彼此促进，构成一个良性运转的自组织，构成一个又一个螺旋上升的循环运动。本书通过对案例校的考察，认为：课堂改革的机制构成的要素，包括决策机制、传导机制、执行机制和干预机制四大要素。

一、决策要素

西蒙曾经说，管理就是决策。一定意义上说出了管理的实质，虽有片面性，但也具有真理性的一面，表达了决策的重要性。决策的背后就是决策机制，是要素机制中的灵魂。因为决策意味着运动的方向，走得快不快和好不好很重要，但走的方向是否正确更加重要。

厘清决策的内涵，首先要弄清楚决策者、决策的内容和决策的过程。决策者有时是一个人，但是就学校而言，单靠校长的智慧，要完成一个正确的决策，往往会产生执其一端的偏差，更多时候理想的决策者是一个集体，一个决策团队。当然学校领导班子这个决策团队当中，校长是最主要的决策人，是首席决策者。

决策机制要素的构成，应该包括决策的外促机制、决策的内生机制和决策的过程机制。两所案例校的决策机制基本相同。外促机制，这里就是教育主管部门、广大学生家长和相关社区对教育质量提升的强烈愿望，对优质教育的强烈渴望；内生机制，表现在这两所学校都属于薄弱校，学校内部，无论是教师还是学生，都有发自内心的实行改革改变现状的想法，学校都是处于差得不能再差的处境，已经到退无可退、没有退路、濒临倒闭的边缘。改革的促发使学校寻找到新的路向，绝处逢生。

抉择的过程，主要包括前期的广泛调研、中期的对比分析和决策做出之前的审慎评价，然后在多种可能的方向上，进行抉择、鉴别和定向。

决策的内容。他们都把学校的变革突破口选定在课堂改革上，是基于对学校整体变革的深刻理解，都把课堂教学置于学校工作的核心位置，并把寻找并推行新的课堂样态作为改变学校落后现状的杠杆解。

决策机制中，决策人的素质，是一个不能不考虑的变量。

在 ZT 中学，MF 校长是一个非常注重学习的校长，参加过著名教育家孙喜亭亲自授课的校长培训班，平时也特别注意充实提高自己，带领全校教师营造了浓郁的读书学习氛围。从访谈中也可以感受到他丰富的教育知识，视野开阔，对教育事业有深刻的理解，对教育发展规律有透彻的洞察，对学校的未来发展有敏锐判断。

兴义三中的 ZZX 校长，一直在课堂上耕耘，同时又是北京师范大学的在读教育博士，而他的博士论文的研究方向就是"生态课堂"。学以致用，理论指导学校工作的实践活动，所以他到这所学校之后，经过酝酿学校改革的着眼点，首先从打造学校的"生态课堂"开始。2013 年到了新的工作岗位，担负起了学校整个管理的重任，并且推行了多方面的改革，工作繁忙，博士论文放下了，但是，学校的改革却取得了有口皆碑的成绩，改变了整个学校的生态，尤其是课堂改革，带领全校教师提炼出了一套成熟的课堂模式，并且非常好地落实在常态课上，改变了师生的学校生活状态，改变了学校的课堂生态。有教师评价说，虽然论文还没完成，但这样的改革成果本身就是一篇真正的"博士论文"。

从机制角度来思考，改革校校长的个人素质是一个变量，教育素养和改革素养兼具的领导者，才是可以确保改革顺利进行的机制要求。但是从另一个角度考虑，正是这样一个首席决策者，带领全校正确决策、准确传达、扎实推进，学校呈现出了良好的改革发展的局面。但是这位校长如果出现工作的变动，那么学校的改革还能够继续进行吗？继任者会顺利成为良好决策机制的一部分吗？这是一个疑问。

二、传导要素

在学习型组织理论中，曾经讲到信息传递的时间滞延现象，行动和结果之间出现时间差异，原因在于信息传导不畅，或者矫枉过正，不是太过，就是不及。[①] 这是传导机制运转不良造成的。这尚且是在正确方向上的传导误差，有时还有另一种更可怕的，那就是传导的方向错误，南辕北辙，背道而驰，是更为致命的失误。传导机制的保障作用可见一斑。追求优质高效、准确无误的良性传导，是课堂改革的机制要素中达到课改目的的保障机制。

课堂改革作为一种组织变革，也需要组织变革意图的中层传导者进行变

---

① 彼得·圣吉著，郭进隆译. 第五项修炼［M］. 上海：三联书店，1998：81-86.

革意图的准确传导，为了减少传导过程的迟滞和偏差，本课题考察的案例校建立了两种类型的传导机制，一种是稳态传导机制，另一种是动态传导机制。

第一种是稳态传导机制。兴义三中的"教师专业委员会"的建立和使命承担以及运作模式，构成了一种稳态的传导机制。他们建立了任务明确的组织，建立了稳定的团队。这个为完成课堂改革使命而建立的团队，是一种扁平性的组织。人员构成涵盖学校上下各个层面，包括校长、教务主任、科研主任、教师专业委员会主任，以及各个学科组的组长们。建立了一套工作机制，每周固定时间必开的例会，就是常态的讨论课堂改革，把课堂改革各方面的意见聚焦在例会上。课堂改革各个层面的观点，改革进程中的鲜活问题，在例会上交织、聚焦，并且能够很快得到解决。而这种例会过程本身就是一种传导，因为决策者、传导者和执行者俱在其中。

第二种就是动态的传导机制。ZT中学属于这种传导机制。这种传导因时因事而异，根据改革进程当中出现的具体问题，用不同的传导者和不同的传导方式，完成上传下达的任务。在改革的前期，传导者是外地课改专家、学校的决策层领导和中层干部，进行政策的宣讲、通识的培训以及改革理念的普及。在改革的中后期，则是由各个学科的学术带头人——教研组长们担当实践模式的传导者。这种传导方式机动性强，灵活性大，但是不稳定，随意性比较强。这种传导机制，就需要关键人物的安排部署，需要意志力量的发挥和坚守。

三、执行要素

所有改革蓝图、愿景和规划都需要落实。完美的蓝图、迷人的愿景和严谨的规划变成现实，需要走一条执行之路。蓝图到现实的距离，需要执行力去跨越。执行力就是执行机制的表达，具有良好的执行机制才能产生强大的执行力。

课堂改革的执行机制是课堂改革的关键机制。正是通过课堂改革的执行机制，落实课堂理念，实现课改新样态，使应然的课堂理念，变为实然的课堂形态。执行机制的关键词是"落地"，是"常态课"。执行的结果很实在，是很具象的指标，可以进行具体的观察和准确的描述，但是表达执行过程的执行机制却是很难形容，是属于无形而又内在的机制，涉及课堂改革的每一个关节点，涉及课堂改革的每一个改革者，涉及课堂改革的每一项具体行动。

第一种是内在激发机制。在课堂改革的进程中，充分挖掘教师们采用课堂新样态的自动自发的力量，采用自下而上的方式推进改革。兴义三中让每个学科的教师自行研制本学科特色的课堂教学模式，然后去执行他们自己研制的成果，这里就发掘出了教师采用课堂新模式的内在力量。用校长的话来说，这是他自己的孩子，所以他就喜欢他，就愿意用。当时机成熟的时候，又自上而下整体部署，全员推行了体现学校整体科研成果的"三中五环"课堂模式，这时候已经水到渠成。

第二种是化课改于无形的外在执行机制。ZT中学通过开展评选"优秀课改示范教师"活动，连续几年推行的结果就是人人过关，人人都成为"优秀课改示范教师"，使课堂的新样态成为每一个教师的常态课，这种活动设计，可谓是"醉翁之意不在酒"。不是生硬地去推行这种新的模式，而是用另一种很艺术的形式，在激励教师的活动当中植入"课堂改革"的目的。

四、干预要素

课堂改革机制的要素当中，决策机制是灵魂，传导机制是保障，执行机制是关键。而干预机制是无所不在的力量，决策、传导、执行的整个过程，都需要干预机制的介入。干预机制的作用发生在前端、中端和末端，发生在改革的全过程，每一个阶段都发生不同的作用方式：在前端是定位，在中端是矫正，在末端是反馈。从决策的定位、矫正到反馈，再到传导的定位、矫正和反馈，再到执行的定位、矫正和反馈，最后再回到下一次的决策，是一个不断循环上升的螺旋结构。

干预机制是避免课堂改革半途而废的刚性力量。干预机制是保障课堂改革善始善终的监督者，包括组织保障、制度惩戒、过程监督。ZT中学的听课制度、教案检查制度都是很好的制度保障。兴义三中的"教师专业委员会"的例会制度，是一种长效的干预机制，同时在常规检查中发现的不进行课改的教师，累积三次会受到非常严厉的惩戒，比如扣发数额不菲的奖励工资等。

第六章　研究结论

落实新课标的丰富内涵实现应然课堂向实然课堂的转化，需要突破传统课堂向新课堂转化的困境。寻找薄弱中学课堂改革的内在机制，为课改实践提供路径选择，寻找薄弱中学高质量发展的杠杆解，正是本书要探讨的问题。新课程理念和课堂教学实践存在疏离现象，本书选取两所薄弱中学进行了深入的考察和访谈，在现代教学理论的观照下，研究中不断抽绎出本土概念，按照课堂改革内部因素和外部因素的逻辑线条整体思考，系统分析，得出如下研究结论：

课堂改革的三种机制

课堂改革虽然发生在课堂内部，属于教育改革的微观层面，但是课堂改革的成功和持续推进却需要放在整个系统当中去观照。

案例分析发现薄弱中学案例校都建立了基于学习共同体理论的外部支撑机制，包括营造课堂改革文化氛围、建立着力于课堂改革的协作团队、构建基于学习共同体的课堂改革会话机制，为课堂改革提供了舆论支持、组织保障和信息交流渠道，创造了良好的外部环境。

研究课堂改革首先要关注促进课堂改革的内部协同机制。教师是课堂教学的主导因素，但学生是课堂教学的主体，是课堂改革的目的和受众。课程改革要达到理念落地，必须体现在课堂上，体现在学生行为的变化上。学生对于课堂改革的理解力、积极性、主动性需要寻找赖以发挥的依托，课堂组织结构的变革为其提供了一个契机：课改校"班级部委制"的构建形成了一种复杂系统的自组织系统，通过有意义的差异、有效的互动沟通促发了良好的自动自发的学习行为。这种自组织形式具有管理形式的开放性、管理内容的自主性、系统运转的全面适应性和个人发展的非线性。内部协同机制内在的运动方式与新课程理念的课堂新样态的追求方向一致，对于课堂改革发挥了天然的协同作用。

课堂改革的外部支撑机制是空间维度，课堂改革的过程转化机制是时间维度。

从课堂改革的推进方式上，案例校贡献了两种方式：一个是自创模式，经过艰辛探索，在扎实实践和深入思考中，抽绎出独创的课堂教学的本土模式；另一个是在充分调研的基础上，拿来被证明是成功的课堂模式为我所用，自上而下行政干预，本土化改造以后全面施行。

不论哪一种课堂改革的方式，都包括四个阶段：体验共感、培训研讨、建章立制和超越创新。这对应着整个知识管理理论的四个知识转化过程：从暗默知识到暗默知识的共同化阶段、从暗默知识到形式知识的表出化阶段、从形式知识到形式知识的联结化阶段和从形式知识到暗默知识的内在化阶段。

体验共感阶段，反复论证，充分调研，创立课堂改革的新样态或确立学习借鉴的教学模式，通过参观学习、实地考察，感受课堂改革的氛围，整体上初步了解课堂改革的方向，了解新的课堂模式的思想内涵。

培训研讨阶段，通过实地考察，深入课堂改革的成功校，深入课堂，和师生亲密接触，双向交流碰撞激发，进行课例的解剖和研讨，开展课堂改革的专家培训，并且在自己的课堂上进行实操演练。

建章立制阶段，从学校宏观层面，进行课堂改革的顶层设计，规划课改的推进路径，建立课改的制度保障，在实操和研习中不断促进课堂改革的进展。

超越创新阶段，在持续不断、坚持不懈的课堂改革的实践中，形成学校的课改文化，课堂样态不断超越和创新，逐步形成具有本校特色和气质的特色课堂模式，将这种课堂新样态常态化，并且保持不断超越和创新的机制。（如表 6 - 1）

表 6 – 1　基于 SECI 知识创造模型的课堂改革过程机制

课堂改革阶段	体验共感	培训研讨	建章立制	超越创新
知识管理阶段	共同化	表出化	联结化	内在化
	从暗默知识到暗默知识	从暗默知识到形式知识	从形式知识到形式知识	从形式知识到暗默知识
知识创造的主体	个体	团体	组织	组织
阶段描述	反复论证，充分调研，建构新的课堂样态或确立学习借鉴的教学模式，通过参观学习、实地考察，亲身感受课堂改革的氛围，整体上了解课堂改革的方向，了解新的课堂模式的思想内涵。	通过实地考察，深入课堂改革的成功校，深入课堂，和师生亲密接触，双向交流碰撞激发，进行课例的解剖和研讨，开展课堂改革的专家培训，并且在自己的课堂上进行实际操作演练。	从学校宏观层面，进行课堂改革的长效设计，规划课改的推进路径，建立课改的制度保障和长效机制，在课堂改革的实践中不断促进课堂样态的新变化。	在坚持不懈的课堂改革实践中，形成学校的课改文化，课堂样态不断超越和创新，逐步形成具有本土特色和本校气质的特色课堂模式，将这种课堂新样态常态化，并且保持不断超越和创新的机制。

机制及机制要素的关系

课堂改革作为学校最核心的工作，深刻地投射到学校工作的各个方面。

改革的过程，也是知识创造的过程，是学校文化重构的过程，经历知识创造的共同化、联结化、表出化和内在化，随着改革的不断深化，知识的层次呈现螺旋式的上升。在整个过程中，在每一个层次和每一个阶段，都需要有改革的决策机制、传导机制、执行机制和干预机制的参与。

课堂改革的外部支撑机制，是课堂改革的文化氛围，是课堂改革的环境因素。

没有课堂改革的舆论营造和观念支撑，课堂改革就是无源之水，无本之木，就会缺乏根基和后劲、缺乏持续性的发展。作为课堂改革的决策机制的核心人物，校长的观念引领十分关键，改革之初，一定需要校长的方向指引，课堂改革的内容、课堂改革的步骤、课堂改革的保障，乃至课堂改革内容的调整，都需要校长的整体布局和第一推动。作为课堂改革贯彻执行机制的副校级领导和中层干部，是课堂改革的行政支撑，从课堂改革观念的接受、消化到落实于课堂，都需要中层领导的亲身示范、检查督促和评价，这是一个上传下达的贯彻链条，也是一个具有创造性的传导机制。作为课堂改革执行机制的一线教师，是课堂改革的专业支撑，是课堂改革的真正执行者，校长的课堂改革的理念，通过中层领导的传导环节，最终要落实到教师的课堂教学行为中，至此，才到了课堂改革成功的最后一公里，也才找到了课堂改革成功机制的核心要素。

——校长的决策、中层的传导和教师的贯彻执行，应该是一个充满创造性的动态发展的过程，这样的学校具有"专业学习共同体"的特征：追求卓越性、公平性和民主性。以公平性和民主性为基础，校长不断追求具有卓越性的办学理念，教师不断追求卓越性的课堂，学生不断挑战和冲刺自我的极限。

要实现这样的"专业学习共同体"的理想样态，就要通过校长、中层领导和教师的"校本研修"来实现，就要通过学生的"合作学习"来实现。一旦形成这样的"学习共同体"，学校就具备了自我成长的生命。就像佐藤学所说，课堂上的合作学习一旦实行，教师将受到来自学生高涨的学习意愿和合作学习关系发展的强有力的牵引。而真正的"校本研修"的实现，也将把学校变成具有自我完善、生命力旺盛的地方，也就为"课堂改革"提供了肥沃的土壤。

课堂改革的内部协同机制，关注的是课堂内部促进和制约课堂改革的力量。

内部协同机制可以从两个维度去思考，一是从教师角度去看课堂改革的课堂管理机制，二是从学生角度去看课堂改革的班级组织建构。前者包括教室环境的设计、课堂上学习行为的规范、营造更加安全的课堂、充分利用课堂时间，还包括课堂行为的延伸——作业的改革和管理；后者主要指建立更加适应合作学习、自主学习的班级管理体制和功能更加多样化的学习小组。这种新的班级管理模式的学习小组，具有自组织团队的特征，管理形式开放，管理内容自主，具有很强的适应性，有力地促进了个人成长和团队精神的凝聚，对课堂教学更是具有天然的良好促进。本书选取的案例校，成功体现了班级内部自组织建设与课堂改革关系的课堂改革协同机制。

发生在课堂之内的教学改革，同时受到外部机制的"学校学习共同体"

的支撑和内部机制的班级自组织的协同，从微观的课堂、中观的班级到宏观的学校，作为一个有机整体，经历着课堂改革的过程。课堂改革作为学校最核心的工作，深刻地波及学校工作的各个方面。改革的过程，也是知识创造的过程，是学校文化重构的过程，经历知识创造的共同化、联结化、表出化和内在化，随着改革的不断深化，知识的层次呈现螺旋式的上升。在整个过程中，在每一个层次和每一个阶段，都需要有改革的决策要素、传导要素、执行要素和干预要素的参与。

决策机制是变革的号角。对外部支撑机制而言，它体现为全校上下共同的愿景，是价值引领；对内部协同机制而言，决策是班级组织结构变革的动员和策划，对过程转化机制而言，决策是知识转化的第一步。

传导机制是愿景化为共识、再变成行动的促进环节。对于外部支撑机制而言，传导是学校课改文化的濡染和投身其中的共鸣；对于内部协同机制而言，传导是作为课堂改革协同机制的自组织自由涌现的推动力。在过程转化机制当中，传导机制作用于知识转化的每一个关键环节。阻断传导，就阻断了知识的转化，改革也就陷入了停滞。

执行机制同时作用于外部支撑机制和内部协同机制，二者存在的价值正体现在执行机制之上。进入执行阶段，改革才真正开始。进入执行阶段，外部支撑机制、内部协同机制和过程转化机制，共同行动起来，内外协调，前后一致，方向明确，形成合力。执行是三个机制的正在进行时态。

干预机制屡被提及备受关注，是因为它为解决课堂改革的困难而来，课堂改革有多困难，干预机制就有多重要。课堂改革的价值观引领、课改文化的氛围营造和协同课堂改革自组织的形成，以及每一个知识转化阶段的达成，都离不开干涉机制的强力参与。

外部支撑机制和内部协同机制，从不同的空间范围和不同的方位对课程改革的过程机制完成了支撑和协同，而这种支撑和协同正是通过决策传导执行和干预来完成的。

这是一个理想的机制理论的模型，各种机制和机制要素，在这里都达到理想的运行状态，形成统筹兼顾的运动整体，实现课堂改革的效果最大化。但是现实中这种理想的状态是很难出现的，案例校也不同程度地存在这样或那样的机制不健全的问题，但是对于改革者而言，当课堂教学改革启动的时候，就一定要对这种内在机制和机制之间的要素关系保持高度的关注。

本书的创新点

课程改革最困难的阶段是把新课程所承载的现代教育理念落实在常态课堂上。本书根据领导变革理论，把薄弱中学课堂改革的管理机制分为外部支撑机制、内部协同机制和过程转化机制，构建了指导课堂改革的机制理论。

以学习共同体为载体的外部支撑机制、以班级部委制自组织系统为依托的内部协同机制、以知识转化四个阶段为流程的课改过程转化机制，加之决策、传导、执行和干预四大机制要素的参与，为薄弱校课堂改革提供了路径选择。

理论和自组织理论指导课堂教学系统的结构重组和流程再造，并作为课堂改革的协同机制，用知识管理理论的知识转化阶段描述课堂改革逐渐深入并螺旋上升的流程，是本书的另外两个创新点。

局限和不足

本课题所设定的"外部"，指限定学校之内而又在课堂之外的课堂改革支撑因素，理所当然应该作为支撑因素的宏观层面国家政策，外围的上级行政部门、教育科研机构和组织没有进行讨论，这是后续的研究需要继续加强的。

作为案例研究，样本采集工作至关重要，本书从研究便利角度，选取了两所薄弱中学。这两所中学虽然地域上差异很大，一个在北京，一个在贵州；办学条件各有不同，一个在经济文化落后地区，一个在经济文化发达的首都城郊接合部；办学层次不同，一所高中，一所初中。对本书而言，尽管达到了资料的饱和，但是更丰富的访谈应该能提供更为广阔的视野和更为扎实的论证，这不能不说是一个遗憾。

机制本身的过程性问题。课堂改革的外部支撑机制和内部协同机制，并不是在改革之初就已经万事齐备的，或者是把这些机制因素都建立好了，再去进行课堂改革。这些机制的建立是和课堂改革同步进行的，外部支撑机制的营造、内部协同机制的建立，都是在改革进程中同步进行的，是从无到有、逐渐完善的过程。如果这些机制因素的因子比较丰沛，当然可以坐享其成，充分利用。如果所缺甚多，就只能发挥主观能动性和改革的整体机制优势去营造，优化重组，甚至重新构建。在研究中对案例校这些已经具备的或者尚未具备的机制的因子没有进行量化的研究。这和案例研究的特点有关，也是基于本课题的研究重点在于考察机制本身的作用，而不是机制因子的多寡问题。这一点，有待于以后更加深入的研究。

参考文献

中文文献

著作类

[1] 刘徽. 大概念教学 [M]. 北京：教育科学出版社，2022.

[2] 钟启泉. 课堂研究 [M]. 上海：华东师范大学出版社，2016.

[3] ［美］戴维·珀金斯著，杨彦捷译. 为未来而教，为未来而学 [M]. 杭州：浙江人民出版社，2015.

[4] 褚清源. 立场 [M]. 济南：山东文艺出版社，2017.

[5] ［美］吉纳·E·霍尔，雪莱·M·霍德，吴晓玲译. 实施变革：模式、原则与困境 [M]. 浙江教育出版社，2004.

[6] 马维野，池玲燕. 机制论 [M]. 北京：中共中央党校出版社，2000.

[7] ［美］布鲁纳著，邵瑞珍译，王承绪校. 教育过程 [M]. 北京：文化教育出版社，1982.

[8] 程凤春. 教学全面质量管理：理念与操作策略 [M]. 北京：教育科学出版社，2004.

[9] ［美］Thomas L. Good，Jere E Brophy 著，陶志琼译. 透视课堂 [M]. 北京：中国轻工业出版社，2015.

[10] ［加］迈克尔·富兰著. 中央教育科学研究所，加拿大多伦多国际学院译. 变革的力量——深度变革 [M]. 北京：教育科学出版社，2004.

[11] 石中英. 知识转型与教育改革 [M]. 北京：教育科学出版社，2001.

[12] 张东娇. 最后的图腾：中国高中教育价值取向与学校特色发展研究 [M]. 北京：教育科学出版社，2005.

[13] 皮埃尔·布迪厄，华康德．实践与反思 [M]．北京：中央编译出版社，2004.

[14] Bruce Joyce, Marsha Well, Emily Calhoun 著，荆建华，宋富钢，花清亮译．教学模式 [M]．北京：中国轻工业出版社，2013.

[15] [加] 迈克尔·富兰著．中央教育科学研究所，加拿大多伦多国际学院译．变革的力量——透视教育改革 [M]．北京：教育科学出版社，200.

[16] 杨小微．教育研究的理论和方法 [M]．北京：师范大学出版社，2008.

[17] [美] 罗伯特·K. 殷著，周海涛，李永贤，李虔译．案例研究：设计与方法（第4版）[M]．重庆大学出版社，2004.

[18] [美] 哈里·F·沃尔科特著，杨海燕译．校长办公室的那个人 [M]．重庆大学出版社，2009.

[19] 李平，曹仰峰主编．案例研究方法：理论与范例 [M]．北京：北京大学出版社，2012.

[20] 陈向明．质的研究方法与科学研究 [M]．北京：科学教育出版社，2000.

[21] [日] 佐藤学．学校的挑战：创建学习共同体 [M]．上海：华东师范大学出版社，2010.

[22] 杨文普，石雷，黄坚等．疑探教学推进策略 [M]．长春：东北师范大学出版社，2016.

[23] [加] 迈克尔·富兰著．中央教育科学研究所，加拿大多伦多国际学院译．变革的力量——透视教育改革 [M]．北京：教育科学出版社，2000.

[24] [美] 罗伯特·G·欧文斯．教育组织行为学 [M]．上海：华东师范大学出版社，2001.

[25] [美] Richard DuFour, Robert Eaker. 有效的学习型学校：提高学生成就的最佳实践 [M]．北京：中国轻工业出版社，2005.

[26] 赵中建．学校文化 [M]．上海：华东师范大学出版社，2004.

[27] 吴彤．自组织方法论研究 [M]．北京：清华大学出版社，2001.

［28］［美］大卫·韦勒，西尔韦亚·J·韦勒著，杨海燕，刘玲，赵茜，孙敏译．副校长：有效学校领导的关键要素［M］．重庆大学出版社，2007．

［29］［美］Thoms L. Good，Jere E. Brophy著，陶志琼译．透视课堂［M］．中国轻工业出版社，2015．

［30］杨梅英．知识经济与管理创新［M］．北京：经济管理出版社，1998．

［31］［日］竹内弘高，野中郁次郎著，李萌译．知识创造的螺旋［M］．北京：知识产权出版社，2006．

［32］［日］竹内弘高，野中郁次郎著，李萌，高飞译．创造知识的企业［M］．北京：知识产权出版社，2006．

［33］［日］佐藤学，钟启泉译．学习的快乐——走向对话［M］．北京：教育科学出版社，2004．

［34］彼得·圣吉著，郭进隆译．第五项修炼［M］．上海：三联书店，1998．

［35］施良方，崔允漷．教学理论：课堂教学的原理、策略与研究［M］．北京：华东师范大学出版社，2009．

［36］王鉴．课堂研究概论［M］．北京：人民教育出版社，2007．

［37］辛继湘．课堂教学管理策略［M］．北京：北京师范大学出版社，2010．

［38］严先元．追求优质高效的课堂教学［M］．北京：北京师范大学出版社，2012．

［39］杨向东，崔允漷．课堂评价：促进学生的学习和发展［M］．上海：华东师范大学出版社，2012．

［40］李如密．中学课堂教学艺术［M］．北京：高等教育出版社，2009．

［41］李森，王牧华，张家军．课堂生态论：和谐与创造［M］．北京：人民教育出版社，2011．

［42］［挪威］波·达林，范国睿主译．理论与战略：国际视野中的学校发展［M］．北京：教育科学出版社，2002．

［43］［美］W·沃纳·伯克，燕清联合译．组织变革：理论和实践［M］．北京：中国劳动社会保障出版社，2005．

［44］冯大鸣．美、英、澳教育管理前沿图景［M］．北京：教育科学出版社，2004.

［45］吴康宁．教育社会学［M］．北京：人民教育出版社，1997.

［46］钟启泉，崔允漷，张华．基础教育课程改革纲要（试行）解读［M］．上海：华东师范大学出版社，2001.

［47］钟启泉．课程与教学概论［M］．上海：华东师范大学出版社，2004．92.

［48］钟启泉．国外课程改革透视［M］．西安：陕西人民教育出版社，1990.

［49］［日］佐藤学，钟启泉译．课程与教师［M］．北京：教育科学出版社，2003.

［50］王道俊，王汉澜．教育学「M」．北京：人民教育出版社，1989.

［51］吴康宁．课堂教学社会学「M」．南京：南京师范大学出版社，1999.

［52］范国睿．教育生态学［M］．北京：人民教育出版社，2000.

［53］陈孝彬，程凤春主编．学校管理专题［M］．北京：北京师范大学出版社，2002.

［54］马健生．教育改革动力研究——新制度主义的视角［M］．长春：吉林人民出版社，2001.

［55］郭华．静悄悄的革命——日常教学生活的社会构建［M］．北京：北京师范大学出版社，2003.

［56］吴彤．自组织方法论研究［M］．北京：清华大学出版社，2001.

［57］么加利．走向复杂——教育视角的转换［M］．重庆：西南师范大学出版社，2002.

［58］叶澜．教育概论［M］．北京：人民教育出版社，1991.

［59］陈向明．质的研究方法和社会科学研究［M］．北京：教育科学出版社，2000.

［60］佐藤学．静悄悄的革命［M］．长春：长春出版社，2003.

［61］金吾伦．知识管理：知识社会的新管理模式［M］．昆明：云南人民出版社，2001.

［62］王德禄．知识管理的 IT 实现：朴素的知识管理［M］．北京：电子工

业出版社，2003.

［63］侯贵松．知识管理与创新［M］．北京：中国纺织出版社，2002。

［64］邱均平．知识管理学［M］．北京：科技文献出版社，2006.

［65］王方华．知识管理论［M］．太原：山西经济出版社，1999.

［66］［美］约翰 P·科特著，徐中译．领导变革［M］．北京：机械工业出版社，2014.

［67］［英］迈克尔·波兰尼著，许泽民译．个人知识［M］．贵阳：贵州人民出版社，2000.

［68］联合国教科文组织．教育——财富蕴藏其中［M］．北京：教育科学出版社，1996.

辞书类

［69］［瑞典］胡森等主编，张斌贤等译．教育大百科全书（教育方法论卷）［Z］．重庆：西南师范大学出版社，2006.

［70］吕时达，张忠修，聂景廉等主编．简明经济学辞典［Z］．兰州：甘肃人民出版社，1986.

［71］王国富，王秀玲总编译．澳大利亚教育词典［Z］．武汉：武汉大学出版社，2002.

学位论文类

［72］任琳琳．学校变革的发生机制研究［D］．长春：东北师范大学，2011.

［73］胡培卿．教师专业发展的学校管理机制研究［D］．福州：福建师范大学，2007.

［74］曹俊军．反思与构想：我国基础教育新课程改革研究［D］．长沙：湖南师范大学，2008.

［75］赵建．学习共同体——关于学习的社会文化分析［D］．上海：华东师范大学，2005.

［76］郭韬．基于复杂性理论的企业组织创新研究［D］．哈尔滨：哈尔滨工程大学，2008.

［77］杨鹤林．个人知识管理理论与实施研究［D］．广州：华南师范大学，2005.

［78］周敏．跨组织知识管理理论与方法研究［D］．武汉：武汉理工大

学, 2006.

[79] 韩陈冲. 个人知识管理理论与具体实施研究 [D]. 南京：南京师范大学, 2007.

[80] 王忠厚. 从混沌走向协同 [D]. 重庆：西南大学, 2011.

[81] 赵志红. 小学优秀校长行动逻辑研究 [D]. 北京：北京师范大学, 2015.

[82] 汪正贵. 学校决策的价值取向研究 [D]. 北京：北京师范大学, 2015.

期刊类

[83] 蒋仲仁. 教育改革中的教学改革 [J]. 教育研究, 1985（3）.

[84] 刘佛年. 有关发展学生智力的一些问题 [J]. 教育研究, 1987（12）.

[85] 温寒江. 试论教学与整体发展 [J]. 教育研究, 1987（12）.

[86] 吴也显. 教学要在儿童整体性上下功夫 [J]. 教育研究, 1990（3）.

[87] 张志勇, 李如密. 关于乐学教学策略的研究 [J]. 教育研究, 1990（10）.

[88] 吴恒山. 中学教育整体改革实验的探索 [J]. 教育研究, 1986（3）.

[89] 杭州市拱墅区实验小学. "整体、合作、优化" 教改实验报告 [J]. 教育研究, 1986（3）.

[90] 裴娣娜. 小学生主体性发展实验与指标体系的建立测评研究 [J]. 教育研究, 1994（12）.

[91] 叶澜. 让课堂焕发出生命活力——论中小学教学改革的深化 [J]. 教育研究, 1997（5）.

[92] 余文森. 试析传统课堂教学的特征与弊端 [J]. 教育研究, 2001（5）.

[93] 王鉴. 课堂重构：从 "知识课堂" 到 "生命课堂" [J]. 教育理论与实践, 2003（1）.

[94] 陈佑清, 张琼. 提升课堂教学的素质教育功能 [J]. 教育研究, 2007（1）.

[95] 郑金洲. 重构课堂 [J]. 华东师范大学学报（教育科学版）, 2001（9）.

[96] 余文森. 树立与新课程相适应的教学观念 [J]. 教育研究, 2002（4）.

［97］余文森．国家级课程改革实验区教学改革调研报告［J］．教育研究，
2003（11）．

［98］王攀峰．论走向生活世界的教学目的观［J］．教育研究，2007（1）．

［99］王鉴．论课堂的历史形态及其变革［J］．西北师大学报（社会科学
版），2006（3）．

［100］李祎，涂荣豹．生成性教学的基本特征与设计［J］．教育研究，2007
（1）．

［101］叶澜．重建课堂教学过程观——"新基础教育"课堂教学改革的理
论与实践探究之二［J］．教育研究，2002（10）．

［102］刘儒德．基于问题学习对教学改革的启示［J］．教育研究，2002
（2）．

［103］郑金洲．重构课堂［J］．华东师范大学学报（教育科学版），2001
（9）．

［104］蒋晓．学习理论与教学实践——美国近五十年的研究与发展［J］．
外国教育研究，1988（1）．

［105］柯森．美国基础教育课程改革：现在完成进行时态［J］．外国中小
学教育，2004（9）．

［106］郭文霞．当前日本基础教育课程改革述评［J］．比较教育研究，
2001（8）．

［107］李协京．对日本基础教育课程改革的思考［J］．教育评论，2003
（1）．

［108］吴康宁，程晓樵，吴永军等．课堂教学的社会学研究［J］．教育研
究，1997（2）．

［109］佐藤学，钟启泉．课堂改革，学校改革的中心——与日本佐藤学教
授的对话［J］．上海教育科研，2005（11）．

［110］王鉴．论课堂的历史形态及其变革［J］．西北师大学报（社会科学
版），2006（2）．

［111］王健．课程改革中的教学变革：若干困境与现实选择［J］．教育学
报，2008（4）．

［112］杨小微．从复杂科学视角反思教育研究方法［J］．教育研究与实验，

2000（3）.

［113］孙元涛. 论"新基础教育"学校领导与管理变革的理论创新［J］. 中国教育学刊，201（6）.

［114］杨辉. 课堂教学活动系统的复杂性探索［J］. 教师教育研究，2007（1）.

［115］龙宝新. 高效课堂的理念缺陷与实践超越［J］. 教育发展研究，2014（12）.

［116］刘鹏. 高效课堂的理念原点反省与改革走向［J］. 中国教育学刊，2016（7）.

［117］段作章. 课程改革与教学模式转变［J］. 教育研究，2004（6）.

［118］王健. 课程改革中的教学变革：若干困境与现实选择［J］. 教育学报，2008（4）.

［119］朱平. 75分钟拓展课堂教学法：为何与何为［J］. 中国教育学刊，2009（10）.

［120］张立昌. 论高效课堂的技术性及其意蕴：从脑图辅助教学谈起［J］. 湖南师范大学教育科学学报，2014（5）.

［121］安富海. 课堂——作为学习共同体的内涵及特点［J］. 江西教育科研，2007（10）.

［122］伏荣超. 学习共同体理论及其对教育的启示［J］. 教育探索，2010（7）.

［123］郑葳，李芒. 学习共同体及其生成［J］. 全球教育展望，2007（4）.

［124］雷金屹，李景山，赵玉琳. 学习共同体理论的价值及本土化［J］. 高教论坛，2017（1）.

［125］姚立，刘洪等. 自组织团队的建设［J］. 系统辩证学学报，2003（4）.

［126］王其藩. 系统动力学理论与方法的新进展［J］. 系统工程理论方法应用，1995（2）.

［127］金吾伦. 复杂性组织管理的涵义、特点和形式［J］. 系统辩证学学报，2001（4）.

［128］朱洪秋. 班改课改一体化研究. 基础教育研究［J］. 2015（7）.

［129］盛群力．合作学习：一种新的教学策略［J］．上海教育科研，1991（1）．

［130］邱均平，段宇锋．论知识管理与竞争情报［J］．图书情报工作，2000（4）．

［131］汪凌勇．知识管理：理论研究与实践思考［J］．图书情报工作，2004（4）．

［132］孟丁磊．国内知识管理理论的发展［J］．现代情报，2007（8）．

［133］彭锐，刘冀生．西方企业知识管理理论：丛林中的学派［J］．管理评论，2005（8）．

［134］王永强．薄弱学校的界定及成因探究［J］．河南科技学院学报，2012（4）（4）．

［135］郑金洲．重构课堂［J］．华东师范大学学报（教育科学版），2001（3）．

［136］陈芜．"机制"的由来及其演化［J］．瞭望周刊，1988（5）．

［137］张建新．社会机制的涵义及其特征［J］．人文杂志，1991（6）．

［138］李以渝．机制论：事物机制的系统科学分析［J］．系统科学学报，2007（4）．

［139］范敏．论学校变革模式与变革机制的关系［J］．现代教育论丛，2013（3）．

［140］李政涛．为学校变革寻找"机制之魂"［J］．中小学管理，2009（4）．

［141］龙宝新．当代课堂改革的历史经验与改革走势［J］．教育与教学研究，2017（1）．

［142］王守明．介绍一种新的课堂教学的形式——课堂讨论［J］．数学教学，1959（5）．

［143］王鑫，赵一鸣．从政府层面分析基础薄弱学校的成因及改造对策［J］．齐齐哈尔师范高等专科学校学报，2012（2）．

［144］邓静芬．薄弱学校改进对策巧探［J］．四川教育学院院报，2009（2）．

［145］朱俊．论薄弱学校的改造［J］．现代中小学教育，1999（4）．

[146] 李桂强. 薄弱学校研究综述 [J]. 内蒙古师范大学学报，2004（6）.

[147] 郑友训. 薄弱学校的成因及变革策略 [J]. 教育探索，2004（10）.

[148] 吴艳霞. 核心素养视角下薄弱学校文化建设刍议 [J]. 教学与管理，2017（10）.

[149] 李金云. 课堂教学改革研究 30 年：回顾与反思 [J]. 当代教育与文化，2009（4）.

[150] 江山野. 教学改革是一件大事 [J] 教育研究，1986（2）.

英文文献

[151] Joao Pedro da Ponte. A Practice-oriented Professional Development Programme to Support the Introduction of a New Mathematics Curriculum in Portugal [J]. Journal of Mathematics Teacher Education，2012（4）.

[152] Minjeong Park. Implementing Curriculum Integration：The Experiences of Korean Elementary Teachers [J]. Asia Pacific Education Review，2008（3）.

[153] K E，Riding A. The know-how company [J]. Liber，Malmo，1986.

[154] Drucker P F. The coming of the new organization [J]. Harvard Business Review，1988.

附　录　访谈提纲

（一）校长访谈提纲

1. 麻烦您介绍一下您所在的学校和您个人的一些基本情况。

2. 回忆一下学校这几年的改革历程，有哪些印象非常深刻的事件？

3. 在所有的改革当中，您认为课堂改革处于什么地位？

4. 这个过程中的关节点（关键点）是哪几个？有没有你印象非常深刻的故事？

5. 在这个过程中，校长、教务主任、年级主任、教研组长和教师分别有什么样的不同作用？

6. 怎么概括、评价您个人在这个改革过程中的作用？

7. 如何确保改革可以持续地推进呢？

8. 为了促进课堂教学改革的顺利进行，在课堂上、班级组织内部，学校做了哪些工作？这些工作成效显著吗？

9. 改革过程中遇到了哪些障碍？如何克服的？

10. 学校各个层面包括学校外部，关于学校课堂改革您听到过什么样的评价？

11. 您如何评价学校目前课堂改革的状态？改革有没有缺憾之处？

12. 下一步努力的方向在哪里？

（二）中层干部访谈提纲

1. 麻烦您介绍一下您所在的学校和您个人的一些基本情况。

2. 学校课堂改革经历了一个什么样的过程？

3. 这个过程中的关节点（关键点）？有没有你印象非常深刻的，比较经典的故事？

4. 在这个过程中，校长、教务主任、年级主任、教研组长和教师分别有什么样的不同作用？

5. 怎么概括或者准确评价您个人在这个改革过程中的作用？

6. 为了推进课堂改革，学校组织结构上做了哪些调整？

7. 为了促进课堂教学改革的顺利进行，在课堂上、班级组织内部，学校有什么调整？

8. 改革过程中遇到了哪些障碍？如何克服的？

9. 副校长、主任、老师和学生们对我们学校课堂改革怎么评价？

10. 您如何评价学校目前的课堂改革状态？改革有没有缺憾之处？

11. 下一步努力的方向在哪里？

（三）教师访谈提纲

1. 介绍一下您所在的学校和您个人的一些基本情况。

2. 您了解学校领导为什么做出推进课堂改革的决策吗？

3. 你认为课改有必要吗？为什么？

4. 这个过程中的关节点（关键点）是哪几个？有没有令你印象非常深刻的故事？

5. 在这个过程中，校长、教务主任、年级主任、教研组长和教师分别有什么样的不同作用？

6. 您怎么评价您个人在这个改革过程中的作用？

7. 你觉得改革能够持续推进吗？为什么？

8. 为了促进课堂教学改革的顺利进行，在课堂上、班级组织内部，学校做了哪些调整？这些调整意义大吗？

9. 改革过程中遇到了哪些障碍？如何克服的？

10. 学校各个层面包括学生家长和上级领导，对我们学校课堂改革如何评价？

11. 你如何评价学校目前课堂改革的状态？有没有缺憾之处？

12. 下一步努力的方向在哪里？

后记　十年一觉"博士梦"

（一）

2010 年，是我人生当中的一个重要关口，这一年我评上了特级教师。

促使自己再往前走，就需要一个新的目标，深埋多年的博士梦开始躁动。恰逢我国第一届教育专业博士（Ed. D）开始招生，招生对象恰是具有硕士学位的大学和中学的在职教育管理者。这不是梦中摇曳的橄榄树吗？一点也没有犹豫，就报考了北师大的 Ed. D。

后来考上的同学戏称是上了"贼船"，但是能踏上这条"贼船"谈何容易。你有日常繁重的教学管理工作，你又要像全日制学生一样去学习英语、攻读教育管理、教育心理学的课程。你的竞争对手是全国数量众多的有此资格的报考者，而且大部分是大学里的青年才俊。你要英语过关、总分够高，你要面对考官展示教育智慧，还要和大学报考的竞争者比赛科研水平的高下。过程充满了曲折，连考了两年，才得以上了"贼船"，正儿八经地做起了"博士梦"。在北师大教育学部开学典礼上，石中英部长用"训练自己的学术思维"的训诫中开始了我们快乐的学习生活。两年时间里的寒暑假集中授课，博学鸿儒们从《教育哲学》《教育管理学》《教育心理学》等经典著作的封面上走进了我们的课堂，我们感受到了老一代学者的大师风范和渊博学识；感受到留学归来的青年博士挥洒欧风美雨的风韵，他们的新颖、敏锐、深刻和独特也让我们感受到北师大学术海洋的"深厚"。课间的闲聊，课堂上的辩论，乃至饭桌上的八卦，都在同学们身上产生了化学反应。

在班主任徐志勇老师的带领下，17 个人的团队相互关照，相互鼓励，结成了一个学术共同体。在南锣鼓巷、烟袋斜街、宋庆龄故居、恭王府和天安门广场都留下了同游的身影和佳话；在安徽、在山东都留下了我们访学的足迹和意味深长的故事。

（二）

随着"论文开题"时间临近，快乐的日子结束了。

"开题报告"是对整个研究工作的第一个真正的考验。首先是通过对某一研究主题海量材料的广泛占有浮现出具体的研究方向，确立合适的研究框架，选择适切的研究方法。而真正要命的是你的底牌的分量：你的研究价值何在？它的创新点在哪里？这是开题报告中的真金白银，也是确立你的研究自信的底线。

要一边进行沉重的日常工作一边设计开题报告几乎是不可能的，尤其对于普通高中这样的工作环境。所以在同学们一个个举行"开题报告"的压力之下，我和贵州兴义的张自祥同学干脆请假来到了北师大。两人租了一间地下室，开始了长达两个月的读书思考、撰写开题报告的过程。我在这两个月的大部分时间里完全没有思路，是在痛苦的阅读当中度过的。因为久坐成疾，坐在凳子上，尾椎就疼得要命，那时曾经悲观地想，八字还没有一撇，身体就不行了，真是"出师未捷身先死"啊。

迫于时间的压力，最后期限到来的时候还是草草做了"开题报告"。好在导师程凤春教授仁心宽厚，深刻理解我们的难处。在漫长的论文写作期间，程老师一直耐心等待，时时处处给予理解、支持和帮助。在论题的确立、结构框架的构建、理论基础的选择和研究方法的使用每一个关键处，都有老师睿智的点拨和及时的指引。老师性情温厚，人格高尚，学识渊博，能成为程老师的学生是我一生的荣幸，老师是我做人和求学的终生榜样。

尽管"开题"时被"毒舌"评委"贬"得一无是处，脸上发烧如坐针毡，几愈钻地洞而逃，但还是放了我一马。后来想，这也许是故意在绝望之后赐予的一点光，好让你绝地反击，死而后生。

开题的时候和导师确定的题目是"中学课堂改革的机制研究"，案例校就是当时所在的学校。一所自己工作了24年的学校，投入太深，所以就缺乏研究需要的合适的距离感。换研究对象，就要重新考察。所以中间曾经想换掉现在的题目，结合新的人生际遇，重打锣鼓另开戏，把论文题目改为"引进人才的适应性研究"，并为此进行了长达两年的阅读和思考。但最终觉得这是一个更难胜任的学术领域，需要深厚的文化人类学、心理学、教育学的知识。然后又重新回到开题的方向。这一弯路走了两年多，说起来很可惜，但现在想来，为此多读了不少的好书，也是无意之中的另一收获。

（三）

重新又回到原来的题目。

2014 年来到新的工作环境，新的岗位需要适应，心态需要调整。在这种情况下，仅限工作之余的读书思考，论文写作没有任何进展。时间过得飞快，同学们不断地答辩，然后毕业。每次置身他们的答辩现场，既是一种煎熬，也是一种激励。到规定的论文答辩的最后期限（2018 年底）越来越近，内心的焦虑也就与日俱增。

消除焦虑最好的办法就是行动。

博士论文的写作，其实还不是一个案头的问题，而是一个"研究"的问题。

为了搜集材料，曾经数次深入案例学校进行考察、访谈，近到昌平中滩中学，远到贵州兴义三中，查阅资料，深入课堂，找校长、主任和典型教师进行深入访谈。我博士班的同学贵州兴义三中的校长张自祥给予了极大的帮助，安排食宿，多方联系访谈人员，允许参加行政办公会，学校的文档资料全部敞开提供。提供一切便利，让我的访谈得到了非常丰富的第一手资料。虽然之前并不认识北京中滩中学的马飞校长，但是，马飞校长同样提供了无私的帮助，他本人耐心的接受访谈，回答访谈提问也十分儒雅，深厚的理论积淀、敏锐的办学方向感以及坚定不移的改革意志给我留下了深刻印象，学校的档案资料也是尽数提供，这一切都让我深深感恩。特此向接受访谈的北京中滩中学李建磊主任、刘艳茹老师、兴义三中查凤山主任等众多老师表达深深敬意。正是扎实丰沛的考察访谈过程，让我深深体会到了课堂改革的艰难，感奋于课堂改革者的智慧、胆略和品格。

参加一个著名的机构所举办的"疑探"教学的会议，从会议的发言中去寻找改革的智慧，寻找对自己论文的启迪，寻找研究的思路。和博士班的老师同学进行一次次的深入讨论，让研究更深入，让思路更开阔，让设计更科学，让论文的结构更严谨。

（四）

2016 年以来就几乎没有享受过寒暑假和周末。香山的红叶绿了又红，玉渊潭的樱花开了又谢，门头沟山里的果子摘了又熟，千军台的古幡又一年在微信里飘过——我只有徒叹时光易逝，满怀惆怅，继续埋头在书房继续论文写作的漫漫长途。

论文写作的文献综述阶段，分门别类，把核心期刊上的相关文献，反复地阅读，摘录归类；对必读数目多次阅读提炼。把期刊文章和书籍融汇在一起，逐渐理出研究的来龙去脉。

展开了几十人的深入访谈，访谈文字整理成了50多万字的文字稿，然后进行整理，分类编码，寻找本土概念，建立扎根理论。晚饭后常常坐在那里，不知不觉天就亮了，或者是睡到半夜灵感不期而至，爬起来就开始写作。

在论文写作的攻坚阶段，朋友介绍了一个非常好的软件"讯飞语记"，为我带来了极大便利。每当我伏案写作又累又乏的时候，就跑出去，到一个正在建设、尚无游人的封闭公园里边走边说。在快速的走动中，思维也灵动起来。论文的好多章节，都是这样先口述到语记，然后再回去整理出来。感谢朋友的推荐，不仅带来了写作效率的极大提高，而且使写作内容更鲜活更严谨。

（五）

有两年时间论文写作处于停滞状态，曾经有一段时间几乎要放弃。正是博士班的同学们，给予了强大的激励和持续的推动，让我终于没有停下写作的步伐。在这里，我要深深地感谢亲爱的同学们：汪正贵博士、李军博士、王轶博士、孙晓鲲博士、艾忻博士、赵志红博士、王剑博士、刘军博士等所有的同学，不一一列出名字了。这里要特别感谢班主任徐志勇老师。徐老师几乎参与了我论文写作的全过程，在我每次遇到重大困惑的时候，徐老师总能给予睿智的点拨，用知识管理理论来关照课堂改革的过程转化机制，正是在徐老师的启发下形成的思路。写作期间，徐老师提供了大量的经典著作，每一本书都给我很深的教益，让我的读写结合紧密，相得益彰。我们2011级博士班的所有同学，都深深地感到，有这样一位班主任是同学们一生的福气。

我清晰地记得论文完成的那一天是4月1号，令人感慨的愚人节，写完最后一个字的时候还感觉如在梦中。

晚上，同事王锋老师邀我去顺义看央视《朗读者》的录制现场。在现场坐在董卿对面的嘉宾竟然是《尘埃落定》的作者阿来。《尘埃落定》正是我硕士论文《魔幻现实主义：古老大地上的遥远回响》中主要的讨论对象。而作者阿来和我的导师程凤春先生的长相竟然如孪生兄弟般相像。坐在录制现场，这一切都如梦似幻。阿来叙述写作和人生的经历，令我内心多有触动，泪花暗暗涌动。

接下来是北师大教育学部组织的严格的"预答辩"，依然是受到了评委们毫不留情的严苛的挑战。问题很多，但是有惊无险，导师和评委们给予了信任，给进行正式答辩留了一条生路。

（六）

"外审"的无情让人不寒而栗，近年来比例很高的"阵亡率"更是让每一个参审者夜不能寐。我的回复来得很晚，在我怀疑愚人节的魔咒是否真的降临的时候，三个外审结果逐一到来，让世界重新柳暗花明：两个优秀，一个良好！

就像阿来那天说的，他写完《尘埃落定》的时候，窗外的树木枝条扶疏，花朵摇曳。我也看到了同样的景象。

从报考到答辩结束，这个长长的梦做了十年。

感谢石中英、褚宏启、李奇、马健生、毛亚庆、余雅风、郑新蓉、李家永、余凯、徐志勇、鲍传友、宋萑等诸位师长的言传身教，使我受益终生。

这里我还要深深地感恩一直以来关注并帮助我的唐任伍教授、张斌贤教授、刘宝存教授、郭华教授，深深地感谢老家工作单位的领导秦朝华校长、苏西朴书记、田效山副校长；特别感谢大峪中学校长曹彦彦女士，在我的论文写作过程中，提供了强大的精神支持和写作的便利。感谢我的妻子温凤娟女士和女儿郝雨濛，她们从来没有因为失去了那么多本应一起休闲游玩的机会而埋怨，并承担了更多的家务，总能让我安心写作。

每当看别人的"致谢"，总是被触动。当自己去表达这份感情的时候，竟然是出奇地平静。匆匆表达一份久埋心底的感恩，自己似乎并没有准备充分。外审结果全部到来的时候，心中曾经涌动了一下，眼眶也难以自禁地湿润了。但是由于在工作的间隙，很快就抑制住了，没有任其泛滥。此刻坐在书房，从书房的窗口向外望，枝繁叶茂，微风拂动。读书写作的日日夜夜，窗外的风景变幻了好几个春秋，偶尔入目即撤回目光，景色的变化似乎与我无关。无数次伸懒腰的时候想过，等论文写完了，一定要好好看看窗外的风景。

终于完成了，生活恢复如常。可以和家人好好享受自由奔腾的夏天了。

拿到毕业证和学位证之后，有次我竟然产生了一个奇怪的想法：如果不是有最后期限的逼迫，也许可以再晚几年答辩。因为这样有一个目标在，压力在，就会在总结这一年收获的时候，拉一个长长的书单。而随着这场大梦的结束，也许就不再读书了吧？

论文写作的艰难阶段，我和我的同学们也都产生过深深的自我怀疑，不止一个同学在醉酒后追问拿这个学位的意义何在，我也有几次想过放弃。但是我们还是互相鼓励着走了过来。因为班长李军同学会义正词严地说：如果放弃，你将给孩子一个什么样的影响？汪正贵同学会说，你写得很棒，没问题；班主任徐志勇老师会说，这个题目是非常有意义的题目，一定要做完；我的导师程凤春先生会一如既往地宅心仁厚，指出生路。

这是一个博士水准的品格高尚的集体，给你前行的激励总是很丰沛，让你心头漾起温暖的力量总是很强大。

取得博士学位后的这段时间，我也一直在调整。时间永是流逝，读书依旧是生活的一种方式。心态变得平和，工作更有意味。现在我又给自己找一件事情：步行回家，胡思乱想。这是一条迈向远方的路，更是迈向家里的路，迈向真正自我独特世界的路。